Bernhard Bös

Schleichende Sucht
Das Spiel am Roulettetisch

Bibliografische Information der Deutschen Bibliothek
Die Deutsche Bibliothek verzeichnet diese Publikation in der
Deutschen Nationalbibliografie; detaillierte bibliografische
Daten sind im Internet über **http://dnb.ddb.de** abrufbar.

3. Auflage Juli 2020
© Copyright by Bernhard Bös
Alle Rechte, insbesondere das Recht der Vervielfältigung und
der Verbreitung sowie der Übersetzung vorbehalten.
Kein Teil des Werkes darf in irgendeiner Form ohne schriftliche Genehmigung des Autors reproduziert oder unter der
Verwendung elektronischer Systeme gespeichert, verarbeitet
oder verbreitet werden.

Lektorat & Layout: Katja Back – www.back-fulda.de
Herstellung & Verlag: TWENTYSIX

ISBN-10: 3740729678
ISBN-13: 978-3740729677

Bernhard Bös

Schleichende Sucht
Das Spiel am Roulettetisch

Ich hörte Polizeisirenen näher kommen, bis sie schließlich verstummten. Was hatten wir bloß für eine riesen Dummheit gemacht. Jetzt war es zu spät. Wir – mein Freund Manfred und ich – befanden uns in einer kleinen Bankfiliale, die wir gerade im Begriff waren auszurauben.

Dr. Pfeiffer, leitender Polizeipsychologe, hatte Kontakt übers Telefon zu uns aufgenommen, er wollte uns zur Aufgabe des Verbrechens bewegen. Mit fast väterlichem Ton hielt er uns vor Augen, was wir angerichtet hatten. Auch versprach er bei Aufgabe, würden wir in seiner Begleitung zum Polizeipräsidium gefahren werden und das Gericht würde dies zudem im Strafmaß berücksichtigen.

Eine Zeit lang schwankte ich zwischen Aufgeben und Weitermachen. Sollte ich aufgeben? Lasse ich meinen Freund Manfred, der auf jeden Fall nicht kapitulieren wollte, im Stich?

Ich schaute mich in der Bank um. Die Bankangestellten saßen zusammen mit den beiden Kunden, die sich noch im Geldinstitut befunden hatten, auf der Besuchercouch. Manfred hielt eine Pistole in der Hand und hatte sie auf die verängstigten Geiseln gerichtet. Er schien zu überlegen, wie er unbehelligt aus dem Geldinstitut herauskäme. In seiner anderen Hand befand sich der Rucksack, prall gefüllt mit etlichen Hunderterscheinen, die ihm kurz zuvor vom Filialleiter ausgehändigt worden waren. Schweißperlen liefen ihm über das Gesicht. Er wischte sie sich mit seinem Ärmel ab und sein Blick wanderte zu mir.

Vor drei Jahren

Die Lust am Spiel, die Hoffnung auf schnelles Geld, davon träumten wir. Wir spürten die Angst, aber auch den süßen Geschmack des Gewinnens. Unser Leitspruch war: »Mit acht Stunden Arbeit am Tag, damit lässt sich kein Geld verdienen.« Dabei schauten wir uns an, mein Freund Manfred Herzig und ich, Jürgen Müller, und lächelten spitzbübisch.

Unsere Berufsausbildung hatten wir beide abgeschlossen, ich als Maler, Manfred als Autoschlosser. Wir waren seit frühester Kindheit gute Freunde und gemeinsam in eine Klasse gegangen.

Am Wochenende verbrachten wir unsere Freizeit meistens im Casino – wenn wir Geld hatten.

Es war Samstagabend, wieder einmal waren wir auf dem Weg mit Manfreds altem WV Golf ins hundert Kilometer entfernte Casino. Ausgemacht hatten wir, ohne großes Risiko zu spielen, aber mit einem kleinen Gewinn wollten wir doch nach Hause kommen. Jeder hatte 1.000 Euro in der Tasche.

Nach einer Stunde Fahrzeit waren wir am Ziel. Das Casino musste schon um diese Zeit gut besucht sein, denn ein Parkplatz war nicht so leicht zu finden. Plötzlich fuhr genau vor uns ein Audi aus seinem Parkplatz. Was für ein Glück. Wir parkten den alten Golf direkt neben dem Eingang des Casinos. Das fing ja gut an. Nachdem wir uns am Einlass ausgewiesen hatten, betraten wir den abgedunkelten Spielsaal.

Außergewöhnliche Atmosphäre herrschte hier, nur die Spieltische waren in helles Licht getaucht. Wir fühlten die knisternde Spannung an den Roulettetischen, nur das Rollen der Kugel im Kessel war zu hören. Vereinzelt ein leiser Aufschrei der Glücklichen, die gewonnen hatten. Aber auch Seufzer der Gäste war zu vernehmen, die ihren Einsatz wieder einmal verloren hatten. Nachdem wir uns einen Überblick verschafft hatten, fingen Manfred und ich an zu spielen.

Am Anfang spielten wir ausgeglichen auf Rot oder Schwarz mit 20 Euro pro Spiel. Das erste ging verloren, es kam Schwarz. Noch einmal setzten wir einen Zwanziger-Jeton auf Rot. Manfred und ich starrten gebannt der Kugel nach, wie sie sich im Kessel Runde für Runde drehte. Dieses Mal hatten wir Glück, die Kugel blieb in einem roten Fach liegen, wir bekamen unser verlorenes Geld zurück. »Na also, es geht doch«, frohlockte Manfred.

Wir hatten uns vor Spielbeginn ausgemacht, dass jeder das Gleiche setzte. Mit der Zeit jedoch waren die Gewinne für uns zu gering. Manfred machte den Vorschlag, doch mit größeren Jetons zu spielen. Als ich Zweifel anmeldete, sagte Manfred: »Stell dich nicht so an, ich habe das Gefühl, heute werden wir mit einem größeren Gewinn nach Hause fahren.«

»Bis jetzt ist es doch ganz gut gelaufen«, argumentierte ich. »120 Euro habe ich gewonnen, du musst mindestens 200 Euro kassiert haben. Das ist doch gut.«

»Das ist mir nicht genug«, kam die Antwort, dabei erhöhte er den Einsatz auf 50 Euro je Spiel.

Ich ließ mich ebenfalls darauf ein und setzte die größeren Jetons. Das war ein Fehler. Der höhere Einsatz machte uns, vor allem mich, nervös. Im Handumdrehen war unser Gewinn wieder verloren. Wir machten immer wieder die gleichen Fehler. In einer gewissen Panik wechselten wir die Spieltische, was wiederum ein Fehler war, anstatt sich auf einen Tisch zu konzentrieren. Manfred und ich verloren die Übersicht, wie schon so oft. Nach nicht einmal zwei Stunden hatten wir alles verspielt. Dabei waren wir eine Zeit lang im Vorteil gewesen und hatten eine bescheidene Summe gewonnen. Die guten Vorsätze, mit denen wir ins Casino gefahren waren, waren längst vergessen, untergegangen im Spielfieber.

Schlecht gelaunt über unser Versagen verließen wir das Casino. Bis zum Auto sprachen wir kein Wort miteinander, jeder hatte mit sich zu kämpfen. Am Wagen gab mir Manfred die Autoschlüssel, ich sollte nach Hause fahren. Manfreds Selbstvorwürfe nahmen kein Ende. Mit seiner Handfläche schlug er gegen seinen Kopf. »Ich Idiot, warum habe ich denn nicht aufgehört? Für 200 Euro muss ich in der Firma drei Tage arbeiten, warum?«

Auch für mich waren 1.000 Euro viel Geld, noch größer war jedoch die Enttäuschung, wieder einmal versagt zu haben.

Bei einer Flasche Bier bei Manfred zu Hause überlegten wir, wie es weitergehen sollte. Ich machte den Vorschlag, das Roulettespielen aufzugeben. Damit hatte ich bei Manfred einen wunden Punkt getroffen. »Aber es geht doch. Wir müssen einfach versuchen, uns gegenseitig zu unterstützen, uns auch davon abzuhalten, weiterzuspielen, wenn nur eine geringe Summe gewonnen wurde«, versuchte mich Manfred zu überzeugen.

»Du hast ja am Anfang immer Glück. Wenn ich dir zuschaue, hast du meistens in der ersten Stunde einen Überschuss gewonnen von etwa 100 bis 200 Euro, das müsste doch reichen?«

»Sicher reicht das«, antwortete Manfred zerknirscht, »denn an der Arbeit muss dafür viel geleistet werden. Auch wenn der Aufenthalt im Casino nur eine Stunde dauert, trinken wir lieber etwas an der Bar.«

Und damit hatte mich Manfred wieder überzeugt. Sicher konnte es so funktionieren. Wenn wir aufeinander aufpassten und uns bremsten, würden wir mit etwas Gewinn nach Hause gehen können. Unsere Taktik für den nächsten Casinobesuch stand fest. Und es stimmte, von fünf Casinobesuchen lag ich bei vier Besuchen immer mit einem Gewinn vorne. »Diesen Monat wird es aber nichts mehr geben, mein Geld ist alle, außerdem ist auch mein Konto überzogen«, sagte ich zu Manfred.

Er nickte und trank noch einen Schluck aus seiner Flasche Bier.

Bis zum Ende des Monats gingen wir am Wochenende nur in die Disco, werktags blieb ich zu Hause. Meine Mutter Irene merkte, dass irgendetwas nicht stimmte. »Ihr wart wieder mal im Casino gewesen, dabei habt ihr wieder alles verzockt«, sagte sie eines Abends.

Ich bekam einen roten Kopf und nickte nur.

»Hört doch auf«, sagte mein Vater, »du bringst dein sauer verdientes Geld ins Casino. Dort wird auf die Dauer nicht gewonnen. Oder glaubst du, die Casinos bestehen schon über 200 Jahre, weil sie Verluste machen?«

Ich hasste diesen Vortrag, denn dieser würde wieder damit enden, wann ich mir endlich ein Mädchen suchte, denn dann käme ich vom Spielen los. »Das wird auch noch kommen«, erwiderte ich darauf meist und sah zu, dass ich in mein Zimmer kam.

Je näher wir uns dem Monatsende näherten – und damit unserem Gehaltsscheck –, umso mehr schwärmte Manfred vom Casino. »Wir müssen so spielen, wie wir uns das ausgedacht haben«, betonte er dabei immer wieder. »Außerdem nehmen wir uns nur 500 Euro mit. Letzten Monat, das war auch für mich zu viel.«

Ob das Manfred einhalten würde, das würden wir ja sehen, ich sagte aber nichts dazu.

Am ersten Freitag des neuen Monats fuhren wir ins Casino. Gebetsmühlenartig wiederholte Manfred die Taktik, wie wir dieses Mal spielen sollten. Und sie ging an diesem Abend auf, wir gewannen eine bescheidene Summe. Auch die nächsten zehn Besuche im Casino waren ein Erfolg. Obwohl ich bei Manfred manchmal den Eindruck hatte, dass er am liebsten weiterspielen würde, hielt er sich an unsere Abmachung. In den zehn Abenden kamen fast für jeden 2.000 Euro zusammen. Dass wir uns so zusammennehmen konnten, machte uns richtig stolz. Manfred war selig, wenn wir das Casino mit Gewinn verlassen konnten. Auch die Abmachung, nur 500 Euro mit ins Casino zu nehmen, wurde eingehalten.

An einem Wochenende, wir waren wieder im Casino, merkte ich, dass Manfred sehr nervös war. Es lief nicht so richtig, wie in den letzten Wochen. Wir machten keinen Gewinn. Ich hatte bald meine 500 Euro verspielt und dachte, auch Manfred hätte kein Geld mehr. Doch er spielte weiter, verlor und gewann, kam aber nicht in die Gewinnzone. Zum Schluss hatte er seinen ganzen Gewinn aus den letzten Abenden verspielt, obwohl wir ausgemacht hatten, nur 500 Euro mitzunehmen. Er hatte unsere Abmachung gebrochen, denn er hatte ohne mein Wissen seinen ganzen Gewinn der letzten Wochen eingesteckt. Ich war sauer und stellte ihn noch auf der Heimfahrt zur Rede. Da rastete er komplett aus. »So ein Mist«, fluchte er vor sich hin. »So ein verdammter Mist.«

Auch ich schaute missmutig, die Stimmung war im Keller. Manfred fluchte und schimpfte vor sich hin und dann platzte es aus ihm heraus: »Wir könnten ja einmal versuchen, eine Bank zu überfallen.«

Ich schwieg, schaute ihn verdutzt an. »Meinst du das im Ernst oder machst du Spaß?«, wollte ich von ihm wissen, doch Manfred sagte kein Wort mehr. Und auch ich hatte keine Lust mehr, mich weiter zu unterhalten. Manfred war ganz in den Gedanken versunken, wie er schnell an viel Geld käme.

Die Wochen vergingen, es passierte nichts Außergewöhnliches. Ich tat seinen Ausbruch im Auto als Schnapsidee ab. Das konnte er ja nicht ernst gemeint haben, eine Bank zu überfallen. Auch er verlor kein Wort mehr darüber. Wenn wir Geld hatten, gingen wir ins Casino und gewannen ab und zu kleinere Beträge, aber das große Geld blieb aus. Die Bilanz jedoch verlief negativ.

An Sonntagnachmittagen fuhren wir manchmal ziellos durch die Gegend. In einem Dorf in der Rhön fiel Manfred eine Sparkasse ins Auge, die verkehrsgünstig an der Durchgangsstraße lag. Er stieß mich in die Seite: »Die ist doch wie geschaffen für einen Überfall.«

Ich zuckte nur mit den Schultern und sagte kein Wort. Es war mir anzusehen, dass mir dieser Vorschlag nicht geheuer war. Ich war froh, als wir wieder zu Hause waren.

Lustlos ging es in die neue Arbeitswoche. Manfred ließ der Gedanke nicht los, noch einmal an der Bank vorbeizufahren. Wir verabredeten uns nach Feierabend und er fuhr in das kleine Örtchen. »Was willst du hier«, fragte ich. »Das mit der Sparkasse meinst du doch wohl nicht ernst?«

»Ich will doch nur mal schauen. So rein theoretisch, wie es wäre, wenn ...«, antwortete Manfred.

Ich konnte mir nicht vorstellen, dass Manfred es ernst meinte, wirklich eine Bank zu überfallen.

Er stellte das Auto am Ortseingang ab und wir gingen zu Fuß weiter. Wie ganz zufällig setzten wir uns auf eine Parkbank, von der aus das Gebäude gut einzusehen war. Es begann schon zu dämmern, als wir uns auf den Rückweg machten. Auf die Idee, dass sich jemand über zwei Ortsfremde, die über eine Stunde die Sparkasse beobachtet hatten, wunderte, kam keiner von uns. Auf dem Heimweg entwarf Manfred einen Plan, wie wir vorgehen könnten, alles rein theoretisch natürlich.

Wochen vergingen, das Thema »Banküberfall« erwähnte Manfred kein einziges Mal mehr. Doch wollte er nach wie vor durch Roulettespielen ans große Geld kommen. Ich aber auch, wenn ich ehrlich war. Wir kamen auf die Idee, einen Kredit aufzunehmen von je 5.000 Euro, um mit größeren Jetons spielen zu können, nicht immer mit kleinem Geld. Da unser Beschäftigungsverhältnis nach unserer Lehre in der jeweiligen Firma fortbestand, war es kein Problem, von der Sparkasse einen Kredit zu bekommen. Nach ein paar Unterschriften hatten wir innerhalb einer Woche das Geld auf unseren Konten.

Wie eigentlich immer vor dem Besuch der Spielbank, besprachen wir wieder unsere Taktik. Wir wollten auch heute übersichtlich spielen. Es war Samstag und wir fuhren entspannt mit 5.000 Euro in der Tasche ins Casino. Ausgemacht war, mit mindestens 500 Euro Gewinn nach Hause zu fahren.

Als wir im Casino ankamen, tauschten wir 2.000 Euro in 50er- bis 100er-Jetons, um auf einfache Chancen wie Rot oder Schwarz zu setzen. Am Anfang spielten wir sehr ausgeglichen, ohne Hektik. Nach etwa einer Stunde hatte Manfred 300 Euro plus und ich 1.200 Euro. Gut gelaunt lud ich meinen Freund zu einem Drink an der Bar ein. Von dort aus konnten wir den Spieltisch einsehen, an dem hoch gespielt wurde. Manfred starrte auf den Roulettetisch. Plötzlich stand er auf. Ohne etwas zu sagen, ging er zu dem Tisch und setzte mit je 100 Euro auf 27 – 1 – 1. Diese Ansage bedeutet, dass im Kessel die Zahlen 6 – 27 – 13 spielten. Der Croupier drehte die Kugel entgegen dem Lauf des Roulette-Kessels. Als die Kugel rollte, bildeten sich kleine Schweißperlen auf Manfreds Stirn. Langsam rollte die Kugel aus und drehte noch Runden am untersten Kranz des Roulette-Kessels, bis sie in die Zahl 6 fiel. Vor lauter Freude, dass er nun 3.500 Euro gewonnen hatte, waren alle seine Anspannungen gewichen. Nun fühlte sich Manfred stark und setzte mit je 100 Euro auf 6 – 1 – 1, das sind die Zahlen 34 – 6 – 27. Üblicherweise wurde nach jedem Gewinn ein Jeton des jeweiligen Einsatzes an den Croupier als Trinkgeld gereicht, wovon alle Gehälter der Angestellten der Spielbank bezahlt wurden. Da der Jeton auf der Gewinnzahl liegen blieb und zusätzlich noch 100 Euro dazugelegt wurde, belief sich der Einsatz auf der gewonnenen Zahl auf insgesamt 200 Euro. Während die Kugel im Kessel ihre Runden drehte, hielt Manfred noch einen 100-Euro-Jeton in der Hand, den er kurzentschlossen setzen wollte. In einem Moment, als der Croupier seine Absage machte: »Rien ne va plus – Nichts geht mehr«, setzte Manfred noch schnell den 100-Euro-Jeton. Trotz Absage wurde der Jeton vom Croupier nicht zurückgegeben, damit lagen auf der Zahl jetzt 300 Euro. Nachdem die Kugel ausgerollt war, fiel sie wieder in die 6, was bedeutete, dass Manfred 35 mal 300 Euro, also insgesamt 10.500 Euro gewonnen hatte.

Manfred war aus dem Häuschen und konnte sein Glück nicht begreifen, ich aber auch nicht. Nachdem meinem Freund der Gewinn ausbezahlt worden war, setzte er wie ein Hasardeur seine Jetons. Die Croupiers vergaß er dabei auch nicht. Die Zahl 6 wurde auf Maximum erhöht, das waren 500 Euro. Insgesamt machte er einen Einsatz von 2.600 Euro. Dabei spielte er *A Cheval*, je 200 Euro auf dreimal zwei Zahlen mit 600 Euro Einsatz, *Carre*, je 400 Euro auf zweimal vier Zahlen mit 800 Euro Einsatz, *Transversale pleine*, je 300 Euro auf einmal drei Zahlen mit 300 Euro Einsatz und *Transversale simpel*, je 200 Euro auf zweimal sechs Zahlen mit 400 Euro Einsatz.

Ich fragte mich, ob Manfred nun endgültig ganz verrückt geworden war, sagte aber nichts und ließ ihn einfach machen. Auch ich war wie gefangen von Manfreds Gewinn, von seinem Glück und glaubte ernsthaft, dass es dieses Mal klappen könnte. Abgesehen davon hätte Manfred in diesem Moment sowieso nicht auf mich gehört, wenn ich ihn an unsere Abmachung erinnert hätte.

Erneut wurde die Kugel geworfen und alle am Roulettetisch waren nur auf den Kessel sowie auf die Kugel fixiert. Es herrschte eine angespannte Stille, nur das Surren der rollenden Kugel war zu hören. Manfreds Kopf drehte sich ein wenig im Kreis, als ob er die Kugel fixieren wollte. Eine gefühlte Unendlichkeit drehte und drehte sich die Kugel, bis sie endlich fiel. Es war die 6. Zum dritten Mal wurde diese Zahl geworfen. Die Zuschauer, die um den Tisch standen, klatschten, was ja doch sehr selten vorkam. Manfred konnte sein Glück kaum fassen. Auch mir wurde ganz anders. Manchmal im Leben läuft das Glück einem nach. Jetzt fingen Manfred und ich an zu rechnen. 500 Euro auf eine Zahl machten 35-mal 500 Euro, also 17.500 Euro, 600 Euro auf zwei Zahlen, das waren 17-mal 600 Euro, insgesamt 10.200 Euro, dann 800 Euro auf vier Zahlen machte achtmal 800 Euro, ergab 6.400 Euro, 300 Euro auf drei Zahlen, elfmal 300 Euro, mit 3.300 Euro Gewinn und schließlich 400 Euro auf sechs Zahlen, das machte fünfmal

400 Euro, also 2.000 Euro. Insgesamt kam dabei ein Gewinn von 39.400 Euro heraus. In seinem Übermut gab Manfred 1.000 Euro Trinkgeld. Er war außer sich, befand sich in einem regelrechten Glücksrausch, bis ich zu ihm sagte: »Nimm den Einsatz vom Tisch, ein viertes Mal wird die Zahl nicht mehr kommen.«

Er schaute mich überrascht an, nahm jedoch den Einsatz vom Tisch. Wir beide waren so aufgeregt, denn so viel Geld hatten Manfred und ich noch nie in der Hand gehabt. Mein Rat war richtig, ein viertes Mal kam die 6 nicht mehr, es kam die 26. Manfred hatte in drei Spielen über 50.000 Euro gewonnen.

Nachdem wir uns ein bisschen beruhigt hatten, lud mich mein Freund zu einem Essen ein. Wir ließen es uns gut gehen. Ich wollte nach dem Essen, dass wir unser Geld nahmen und nach Hause fuhren, doch Manfred wehrte ab: »Heute ist mein Glückstag, ich versuch's noch mal.«

Alles reden von meiner Seite drang überhaupt nicht mehr zu Manfred durch, also gab ich es schließlich auf. Doch nun wurde er leichtsinnig, er wechselte einen Tausender-Jeton nach dem anderen, aber ein großer Gewinn kam nicht mehr heraus. Mal gewann er, aber am meisten verlor er seinen Einsatz. Ich drängte immer wieder zur Heimfahrt, was bei Manfred jedoch auf taube Ohren stieß. Sollte er doch seinen ganzen Gewinn wieder verzocken, was kümmerte es mich. Ich war sauer. Mein Freund hörte einfach nicht auf mich. Und mein gesunder Menschenverstand sagte, dass wenn Manfred nicht sofort aufhörte zu spielen, würde er noch seinen ganzen Gewinn verlieren. Ich setzte mich wieder an die Bar und sah dem Treiben von dort aus zu. Zerknirscht trank ich ein Bier, das ich mir beim Barkeeper bestellt hatte.

Mittlerweile war es drei Uhr morgens. Von den Croupiers wurden die letzten drei Spiele angesagt, weil das Casino schließen wollte. Eigentlich war das Glück für Manfred, denn er hatte nur noch verloren. Wie viel, das konnte er nicht sagen. Er wusste es ganz einfach nicht.

Ich musste das Auto nach Hause fahren, damit sich Manfred einen Überblick verschaffen konnte, wie viel er tatsächlich verloren hatte. Dabei wurde er blass, sein Gewinn von etwa 50.000 Euro war auf nur noch 42.600 Euro geschrumpft. Er hatte also 7.400 Euro verzockt, schlichtweg aus dem Fenster geschmissen, verbrannt oder, wie man bei uns sagt, in der Fulda versenkt. Trotz Verlust war die Stimmung noch ganz gut. Ich setzte Manfred vor seiner Haustür ab und fuhr nach Hause. Auch ich kam endlich mal mit einem größeren Gewinn – 1.200 Euro waren ja auch nicht zu verachten – nach Hause. Dass ich mich beim Spielen in der Gewalt hatte und rechtzeitig aufgehört hatte, machte mich ein bisschen stolz. Dabei keimte in mir der Gedanke: *Warum habe ich nicht auch mal so ein Glück? Ich könnte es gebrauchen!*

*

Ich traf Manfred am nächsten Tag. Er hatte noch immer ein Honigkuchengrinsen im Gesicht. »Weißt du«, begann er, »was ich gestern Abend noch alles mit dem vielen gewonnenen Geld angestellt habe?«

»Nein«, antwortete ich, »aber du wirst es mir sicher gleich erzählen.«

Eigentlich wollte ich es gar nicht wissen. Nicht, dass ich neidisch war, aber es ärgerte mich einfach, dass Manfred trotz Abmachung einfach weitergespielt hatte. Sollte er doch mit seinem gewonnenen Geld baden gegangen sein, es interessierte mich nicht.

»Also, als Erstes hab ich in meinem Zimmer das Geld in die Luft geworfen und es auf mich herabregnen lassen«, begann Manfred. »Ich war so müde, da hab ich es gleich liegen lassen. Heute Morgen wollte meine Mutter mich dann wecken. Sie hat die Zimmertür geöffnet und einen Heidenschrecken bekommen. Das ganze Geld, das da verstreut in meinem Zimmer lag, war ihr nicht geheuer. Also musste ich ihr sofort erzählen – und das alles im Halbschlaf –, wo das herkommt. Dann ließ sie mich in Ruhe weiterschlafen, allerdings mit der Bemerkung, dass ich nicht mehr so lange im Bett bleiben solle.«

Gegen 12 Uhr war Manfred endlich aufgestanden und hatte seiner Mutter 1.000 Euro auf den Tisch gelegt. Dann hatte auch noch einmal sein Vater ganz genau wissen wollen, wie es im Casino abgelaufen war. Also hatte Manfred sich an den Tisch gesetzt und von dem Abend im Casino erzählt. Seine Eltern hatten aufmerksam zugehört, ohne zu unterbrechen. Im Anschluss daran hatte er sich viele Ratschläge seitens seines Vaters anhören dürfen, vor allem, nicht mehr wieder ins Casino zu fahren. »Das Glück gibt es nur einmal, den Wenigsten gelingt es, mit solch einem Gewinn nach Hause zu fahren«, hatte er gemeint und Manfred ernst angeschaut.

Doch die gut gemeinten Ratschläge hatte Manfred gar nicht wahrgenommen.

Plötzlich griff er hinter sich in den Schrank und holte ein Bündel Geld heraus, zählte vor meinen Augen 3.800 Euro ab und reichte sie mir. »Was soll das jetzt?«, fragte ich ihn.

»Das ist für dich, dein heutiger Einsatz für das Casino.«

Ich war sprachlos, umarmte ihn spontan. Dann sah ich ihn ernst an: »Wir sollten nicht ins Casino gehen. So ein Glück kannst du doch nicht zweimal hintereinander haben. Hör doch auf deinen Vater.«

Doch alles Reden half nichts. »Lass uns doch nur für zwei Stunden ins Casino fahren«, versuchte Manfred, es mir schmackhaft zu machen.

Ich winkte ab: »Nicht schon wieder!«

»Dann fahre ich eben alleine«, antwortete er säuerlich.

Auch ich wurde zornig und meinte: »Jetzt hat dich der Spielteufel aber richtig im Griff, was?«

Am liebsten hätte ich ihm das ganze Geld vor die Füße geworfen, so wütend war ich auf ihn. Ich schüttelte den Kopf und sagte ihm, dass ich mich auf den Heimweg machen würde, weil ich ja doch recht müde wäre. Doch noch während ich das Haus verließ, rief mir Manfred hinterher: »Bleib hier, ich fahre dich nach Hause.«

Wie besessen muss einer sein, am anderen Tag wieder ins Casino zu fahren, wenn er einen großen Gewinn eingefahren hatte? Manfred war so einer. Nachdem er mich nach Hause gefahren hatte, machte er sich alleine auf den Weg ins Casino mit etwa 10.000 Euro. Er hoffte, vielleicht noch einmal einen größeren Geldbetrag zu gewinnen. Als er dort ankam, ging er gleich an die Bar, um etwas zu trinken und dabei die Spieltische zu beobachten. Dabei fiel ihm ein Tisch auf, an dem der Croupier die Kugel ziemlich gleichmäßig warf. Das bedeutete, dass sie fast immer in die Nähe der vorletzten Zahl fiel.

Manfred stand auf und begab sich an diesen Spieltisch. Er nahm 300 Euro und setzte 26 1/1, damit waren die Zahlen 3 – 26 – 0 abgedeckt. Das Glück hatte Manfred anscheinend noch nicht verlassen. Es kam die Zahl 0. Damit gewann er 3.500 Euro und er fasste neuen Mut, setzte gleich noch einmal auf die vorletzte Gewinnzahl. Um ganz sicher zu sein, spielte er statt 1/1 auf 16 2/2, also auf die Zahlen im Kessel 5 – 24 – 16 – 33 – 1. Die Kugel rollte. Das Surren verstummte und die Kugel fiel klackernd in die 5. Wieder gewann er 3.500 Euro. Noch einmal setzte er und hatte wieder Glück. Die 5 kam noch einmal und er gewann wieder 3.500 Euro. Manfred versuchte noch einige Spiele, die ihm kein Glück mehr brachten. Jedes Spiel wurde mit fünf Zahlen mit je 100 Euro gespielt. Schließlich nahm er seine Jetons, tauschte sie an der Kasse um und machte sich mit einem wohligen Glücksgefühl und 7.900 Euro Gewinn auf den Heimweg. Dabei kreisten seine Gedanken nur um das Glücksspiel. Wenn er, wie beim letzten Mal, auch immer mal wieder nachgesetzt hätte, dann hätte er seinen Gewinn locker verdoppeln können. Das nächste Mal wollte er daran denken, denn dass es ein nächstes Mal geben würde, das war für ihn klar. Die guten Ratschläge seines Vaters schlug er einfach aus. Was wusste der schon vom Glücksspiel, dachte er bei sich. Er nahm sich vor, wenigstens einmal pro Woche ins Casino zu fahren.

Als wir am nächsten Tag telefonierten, schwärmte er mir von seinem gestrigen Casinobesuch vor. Auch erzählte er mir von der Pechsträhne, bei der er schon 5.000 Euro verloren hatte.»Kommst du am Mittwoch mit ins Casino?«, fragte er mich.
Seine gute Laune war ansteckend, vielleicht seine Glückssträhne ja auch. Ich sagte zu.
Um Punkt 18 Uhr am Mittwoch machten wir uns auf den Weg ins Casino. Ich nahm 2.000 Euro mit und Manfred 10.000 Euro. Im Auto unterhielten wir uns, als wäre nichts gewesen. Ich sagte zu ihm: »Ich bleibe bei meinem Spiel auf einfache Chance. Dabei hab ich die beste Gewinnchance.«
Manfred merkte, dass er mich nicht überzeugen konnte, nach seinem System zu spielen. Wahrscheinlich war er sogar

ein bisschen beleidigt. Unsere Unterhaltung versiegte, worüber hätten wir uns auch unterhalten sollen?

Nach der Einlasskontrolle verschafften wir uns erst einmal einen Überblick. Wie immer schauten die Gäste gebannt auf das Kreisen der Roulettekugel im Kessel. Das ist die Faszination des Spiels. Wir trennten uns, Manfred ging sofort zu dem Spieltisch vom Samstagabend. Ich spielte mit Fünfziger-Jetons und gewann eigentlich recht gut. In kurzer Zeit kamen 500 Euro zusammen. Ich freute mich sehr über den Gewinn und machte eine kurze Pause. Als ich an die Bar lief, sah ich Manfred an seinem Spieltisch sitzen. Seine Miene war alles andere als freudig. Ich ging zu ihm. »Na, wie viel hast du denn schon verloren?«, wollte ich wissen. Mir war klar, dass es bei ihm nicht so gut lief, das konnte ich an seinem Gesichtsausdruck leicht ablesen.

Die Antwort kam prompt und äußerst mürrisch: »4.500 Euro.«

Ich wagte gar nicht, von meinen gewonnenen 500 Euro zu erzählen. Das hätte ihn in dieser Situation vermutlich herzlich wenig interessiert. »Wenn du mich suchst, ich bin an der Bar«, sagte ich stattdessen zu ihm, drehte mich um und ließ ihn dort sitzen.

Ich saß etwa eine Stunde alleine an der Bar herum und trank gelegentlich ein Bier. Dabei beobachtete ich die Menschen im Casino. Manchen standen Schweißperlen auf der Stirn, andere hatten ein seliges Lächeln im Gesicht und wieder anderen merkte man gar nichts an. Das waren wohl die Profispieler. Trotz dass das Casino recht gut besucht war, war es recht leise. Die Schritte verhallten klanglos auf dem roten mit Ornamenten versehenen Teppich. Das leise Klackern der fallenden Roulettekugeln und das Surren der sich drehenden Kessel waren das Einzige, was man hörte. Vereinzelt drangen gedämpfte Gesprächsfetzen zu mir an die Bar. Einen Raum weiter saßen die Kartenspieler, die ihr Glück beim Black Jack oder Poker versuchten. In einem weiteren Raum, der allerdings durch eine Tür abgetrennt war, befanden sich die Spielautomaten. Hier herrschte keine gedämpfte Stille, im Gegenteil, durch die Automaten war es recht laut. Wir hatten nur Sinn für das Roulette, weil wir darin die höchsten Gewinnchancen sahen und meinten, das Geschehen durch Beobachten und kluges Setzen beeinflussen zu können.

Ab und zu schaute ich zu Manfred, der noch immer am Spieltisch saß. Er war richtig im Stress. Er schwitzte. Nach einer Weile stand er plötzlich neben mir mit einem Lächeln im Gesicht. »Jetzt trinken wir noch einen zusammen, bevor wir uns auf den Heimweg machen«, sagte er.

»Hast du gewonnen?«, fragte ich vorsichtig.

»Ja«, antwortete er. »Ich habe den ganzen Verlust zurückgewonnen und zusätzlich noch 1.500 Euro Gewinn herausgespielt. Und das in zwei Spielen.«

Manfred musste wieder hoch gepokert und einen hohen Einsatz abgegeben haben, sonst hätte er in zwei Spielen nicht so eine hohe Summe gewinnen können. Das war wieder sehr riskant, doch letztendlich war ich erleichtert, dass es doch noch so gut für ihn gelaufen war. Jetzt erzählte ich ihm von meinem Gewinn. »Hat sich doch gelohnt, der Abend«, meinte mein Freund und nippte an seinem Bier.

Ich nickte.

Wir tauschten unsere Jetons in Euro um und liefen zum Auto. Auf der Heimfahrt machte ich den Vorschlag, dass wir doch jetzt unseren Kredit zurückzahlen könnten. »Das ist eine gute Idee«, pflichtete mir Manfred bei und nickte.

Wir trafen uns am nächsten Tag vor der Bank und gingen gemeinsam hinein. Wir wollten unseren Kredit auf Heller und Pfennig zurückzahlen, doch unser Sachbearbeiter machte uns einen Strich durch die Rechnung. »Das geht leider nicht«, meinte er.

»Was soll das heißen, das geht nicht?«, fragte Manfred. »Wir haben das Geld doch hier und wollen es wieder zurückgeben.«

Der Sachbearbeiter klärte uns auf: »So einfach ist das nicht. Wenn Sie das Geld jetzt zurückzahlen, verliert die Bank dadurch Zinseinnahmen. Deshalb wurde im Kreditvertrag festgehalten, dass eine Sondertilgung nicht möglich ist.«

Uns war es egal, wie teuer es werden würde, wir wollten nur keine Schulden mehr haben, also zahlten wir den Kredit zurück plus die Zinsen, die die Bank bekommen hätte, wenn wir das Geld wie vereinbart zurückbezahlt hätten. Jetzt waren wir wieder schuldenfrei. Ein schönes Gefühl.

Nachdem alles erledigt war, gingen wir in eine Gaststätte, um unseren Durst zu stillen. Es dauerte nicht lange, da fing Manfred wieder vom Casino an zu schwärmen. Darüber hatten wir unterschiedliche Meinungen, aber ich ließ mich mal wieder breitschlagen, am Samstagabend mit ihm ins Casino zu fahren. Manfred war total auf Roulette fixiert, es gab bei ihm kein anderes Thema mehr. Ich sah die Realität etwas anders, auch diese Glücksphase würde einmal vorbeigehen. Doch das wollte er nicht hören.

Es war Freitagabend. Manfred rief mich an, um mir von einem fast neuen Golf GTI zu erzählen. »Der hat total wenige Kilometer drauf. So viel ich gehört habe, wurde das Fahrzeug vom Autohaus wieder zurückgeholt, weil der Besitzer die Leasingraten nicht mehr bezahlen konnte.«

»Und weiter«, meinte ich.

»Ich habe das Auto in der Mittagspause mal etwas genauer unter die Lupe genommen. Morgen früh mache ich eine Probefahrt. Willst du mitfahren?«

Da ich sonst nichts weiter zu tun hatte, willigte ich ein.

Am nächsten Morgen holte mich Manfred zusammen mit seinem Vater pünktlich zur Probefahrt ab. Er war richtig aufgeregt. »So ein Auto kauft man ja auch nicht alle Tage«, meinte er. »Vor einer Woche war daran nicht einmal zu denken.«

Wir fuhren zum Autohaus, genauer gesagt zu Manfreds Arbeitsstelle. Da stand der GTI. Schon lange hatte Manfred von einem solchen Wagen geträumt, doch bisher hatte er sich so etwas nicht leisten können. Er hatte zu Hause noch 45.000 Euro liegen, alles Gewinne aus seinen Roulettespielen im Casino. Als wir den Laden betraten, kam sogleich ein Autoverkäufer auf Manfred zu und begrüßte ihn überschwänglich. Anschließend erklärte er die einzelnen Funktionen des Fahrzeugs, was er sich eigentlich bei Manfred als gelernter KFZ-Mechaniker hätte schenken können. Schließlich bekam er den KFZ-Schein und den Schlüssel für die Probefahrt ausgehändigt. »Das Auto kannst du bis zum Montagmorgen behalten«, sagte der Verkäufer.

Manfred war schon ganz ungeduldig und wollte endlich starten, doch der Verkäufer gab noch immer Tipps, worauf er achten müsse.

Dann endlich durfte er vom Hof fahren. Kurz darauf gab er Vollgas. Die Tachonadel zeigte 120 km/h an. »Hier sind aber nur 100 km/h erlaubt«, meinte sein Vater, der neben ihm saß und gar nicht begeistert vom Fahrverhalten seines Sohnes war.

Manfred ignorierte seinen Vater. »Merkt ihr eigentlich den Unterschied zwischen meinem alten Golf und diesem GTI?«

Nun ging die Fahrt in Richtung Autobahn, um das Fahrzeug mal so richtig zu testen. Ganz still saß Manfreds Vater neben seinem Sohn. Schweißperlen bildeten sich auf seiner Stirn, dabei brachte er keinen Ton mehr heraus. Diesen Fahrstil war er nicht gewohnt. Im Nu erreichte der GTI eine Geschwindigkeit von über 200 km/h, die Gesichtsfarbe von Manfreds Vater veränderte sich. Auch mir war sehr mulmig zumute. Ich sagte keinen Ton und klammerte mich an meinen Sitz.

Nach einer halben Stunde Vollgas reduzierte Manfred die Geschwindigkeit. Selbst ihm war das schnelle Fahren auf Dauer zu anstrengend. Entspannt machte er sich auf den Rückweg.

Nach einer Weile räusperte sich sein Vater und bemerkte: »Das Auto ist doch viel zu schnell für dich.«

»Sonst hast du nichts zu sagen?«, entgegnete Manfred.

»Ich finde ihn auch ziemlich schnell, er hat halt ordentlich Dampf unter der Haube«, pflichtete ich Manfreds Vater bei.

»Das Auto lässt sich gut fahren«, resümierte mein Freund, »auch sonst scheint es in Ordnung zu sein. Vom Preis ist auch nichts zu sagen.«
Er war begeistert.
»Ich hole dich heute Abend um 18 Uhr zum Casino ab«, meinte er zu mir, als ich ausstieg.
»In Ordnung«, erwiderte ich. »Bis dann.«
Manfreds Vater fing an zu schimpfen. So zornig hatte ich ihn noch nie erlebt. »Geht es also schon wieder ins Casino?«, polterte er los. »Immer wieder dasselbe Casino, wie viel Mal muss ich noch sagen, dass Glück nicht von Dauer ist?«
»Ich bin doch alt genug«, entgegnete Manfred.
Ich schlug die Tür zu und Manfred startete den Wagen, um nach Hause zu fahren.

Kurz vor 18 Uhr stand Manfred wie verabredet vor meiner Tür mit 10.000 Euro in der Tasche. Meine Mutter wollte wissen, was wir vorhatten. Als wir ihr erzählten, dass wir wieder ins Casino fahren wollten, zog sie die Luft scharf ein, sagte aber kein Wort. »Das Glück kann sich ja wiederholen«, meinte Manfred und ein verschmitztes Lächeln kam über seine Lippen.
»Man kann nicht immer Glück haben«, sagte meine Mutter. »Bitte seid vorsichtig und hört rechtzeitig mit dem Spielen auf.«
Manfred freute sich auf die Fahrt, dabei überhörte er die mahnenden Worte meiner Mutter. Am Anfang war ich noch ruhig, aber seine Fahrweise passte mir auf Dauer überhaupt nicht. Er hatte das neue Auto, das er zur Probefahrt das ganze Wochenende mit nach Hause nehmen durfte, für die Fahrt ins Casino genommen. »Hältst du das wirklich für eine gute Idee?«, meinte ich.
»Klar, warum denn nicht?«, erwiderte Manfred. »Das ist doch schließlich auch eine Probefahrt.«
»Dann fahr wenigstens nicht so riskant. Am Ende werden wir noch von der Polizei gestoppt«, sagte ich.

Manfred sah zu mir herüber, ging aber vom Gas herunter. Um nicht wieder vom Roulette zu sprechen, lenkte ich das Gespräch auf das Auto. »Willst du den GTI wirklich behalten?«, fragte ich ihn.

»Ja«, antwortete Manfred. Er fing an, von dem Wagen zu schwärmen, doch kurze Zeit später waren wir wieder beim Roulette angelangt. »Ein Gewinn von 15.000 Euro wäre heute nicht schlecht«, meinte er.

Ich verdrehte die Augen, ertappte mich aber dabei, auf Manfred neidisch zu werden. Ein solches Glück könnte ich ja auch mal gebrauchen.

Als wir endlich im Casino ankamen, konnte es Manfred und mir nicht schnell genug gehen, das Geld in Jetons zu tauschen. Ich hatte mir vorgenommen, auch einmal so zu spielen wie Manfred, mit Zehner-Jetons auf Zahlen. Es war zwar riskant, aber wenn ich auch so große Gewinne wie Manfred mit nach Hause nehmen wollte, dann musste ich es riskieren. Doch es ging daneben. Bereits nach einer Stunde hatte ich 500 Euro verspielt. Nur einmal kam eine Zahl, auf die ich gesetzt hatte. Dabei kam ich ganz schön ins Schwitzten. Um mich zu beruhigen, setzte ich mich an die Bar und beobachtete Manfred. *Ist es richtig, weiter Roulette zu spielen?*, dachte ich. *Eine Zeit lang geht das, was wir uns vornehmen, gut, aber dann verfallen wir wieder in alte Gewohnheiten.*

Manfreds Gesicht verfinsterte sich zusehends, Schweißperlen standen auf seiner Stirn. Immer wieder wischte er sich diese mit einem Taschentuch ab. Auch ihm gelang es nicht, in eine Gewinnzone zu kommen. Nichts lief so wie letzten Samstag, als ihm die Kugel praktisch nachlief. Glück konnte man wirklich nicht immer haben.

Nach einer Weile kam Manfred zu mir an die Bar und war richtig sauer. »Wie hoch ist dein Verlust?«, fragte ich ihn, dabei verfinsterte sich sein Gesicht noch mehr.

»Ungefähr 6.000 Euro.«

»Auch ich habe etwa 500 Euro verloren, und es scheint kein guter Abend für uns zu werden! Lass uns doch besser nach Hause fahren«, machte ich den Vorschlag. »Vielleicht sollten wir mal eine längere Pause vom Casino nehmen, dann klappt es bestimmt mal wieder.«

Doch Manfred hörte mir gar nicht zu. Stattdessen stand er auf und ging wieder zu seinem Spieltisch und spielte weiter mit je 20 Euro Einsatz, um doch noch das Glück herumzureißen. Mit der Zeit verbesserte er seine Situation ein wenig, der Verlust blieb aber immer noch hoch. Manfred überprüfte zwischendurch seine Jetons, fing wieder an mit höheren Einsätzen zu spielen. Aber nur zwei bis drei Zahlen. Eine Phase des Glücks hatte Manfred dann doch, langsam ging es bei ihm aufwärts.

Ich dagegen mühte mich ab, um meinen Verlust wieder zurückzugewinnen, doch es gelang mir nur bedingt. Verloren hatte ich nichts mehr, ich spielte mein altes Spiel auf Rot oder Schwarz. Gegen Mitternacht hatte ich fast wieder mein ganzes Geld zurück bis auf 100 Euro, die ich verschmerzen konnte. Darauf beendete ich für heute mein Spiel.

Auch Manfred hatte sich bis auf einen Verlust von 1.500 Euro wieder erholt, was ja auch noch viel Geld war. Zum wiederholten Male versuchte ich, Manfred zum Gehen zu überreden. Er sollte seinen Verlust verschmerzen und mitkommen, doch ich stieß auf taube Ohren.

»Vielleicht kommt das Glück ja doch noch zurück«, sagte er und beachtete mich nicht weiter. Er hatte nur noch einen Blick für den Roulettetisch vor ihm. Vor fünf Spielen war die 34 gefallen und danach die 19. Die letzte Zahl, die gefallen war, war wieder die 34. Ich traute meinen Augen nicht, als Manfred einen einzigen 100er-Jeton auf die 19 setzte. Das war sehr riskant. Doch es kam die 19. »Na endlich«, hörte ich ihn murmeln.

Jetzt wurde er agil, setzte sofort 200 Euro auf die 19 und vergaß dabei nicht, auch auf die zwei Nebennummern rechts und links zu setzen. Das waren die Zahlen 32, 15, 19, 4 und 21. Ein Einsatz von 700 Euro! Die Kugel rollte. Surrend flog sie durch den Kessel, bis sie langsamer wurde. Alle Augen waren gebannt auf die Kugel gerichtet. Plötzlich fiel sie, aber diesmal hatte er Pech. Die Kugel rollte in die 20. 700 Euro waren futsch. Der Croupier zog den ganzen Einsatz ein. Manfreds Augen wurden groß. Ich wollte ihn davon abhalten, weiterzuspielen, aber es nützte nichts. Er wurde hektisch, setzte wieder auf 0 – 2 – 2, was die Zahlen im Kessel 3, 26, 0, 32 und 15 waren. Wieder ein Einsatz von 500 Euro. Ich konnte schon gar nicht mehr zusehen, wie die Kugel rollte und rollte. Schließlich fiel sie auf die 3. Jetzt war Manfred nicht mehr zu halten, setzte ständig nach, mit insgesamt 500 Euro, diesmal 3 – 2 –2, das waren die Zahlen 12, 35, 3, 26 und 0 im Kessel. Wieder lagen 200 Euro auf der 3, die aber nicht kam, stattdessen war es die 0. Auch dafür bekam er 3.500 Euro ausbezahlt, worauf er sofort wieder sein Spiel machte. Dieses Mal setzte er 0 – 2 – 2, jedoch nicht 300 Euro, sondern 400 Euro. Die Kugel drehte ihre Runden im Kessel. Manfreds Kopf bewegte sich leicht im Takt der kreisenden Kugel, bis sie ausgerollt hatte und im Fach 0 liegen blieb. Das bedeutete 14.000 Euro Gewinn für Manfred. Er war euphorisch und setzte wie das letzte Mal alle Möglichkeiten rund um die Null mit einem Einsatz von 2.500 Euro. Doch das Glück wiederholte sich nicht, es kam die Zahl 36, der Einsatz war futsch.

Enttäuscht schaute Manfred eine Zeit lang in den Kessel, aber es nützte nichts, verloren war verloren. Endlich konnte ich Manfred überreden, für heute Schluss zu machen. Dabei schaute er auf die Uhr. Ihm war gar nicht klar gewesen, wie spät es schon war.

Während der Fahrt beruhigte sich Manfred wieder etwas. Doch es ging nur um ein Thema: Roulette. Schließlich wollte er wissen, wie viel ich verloren hatte.

»100 Euro«, sagte ich.

Wortlos griff er in sein Portemonnaie und gab mir 100 Euro. Ohne zu fragen, warum, steckte ich das Geld ein. »Wie viel hast du eigentlich gewonnen«, fragte ich ihn.

Er zuckte mit seinen Schultern. »Ich weiß es gar nicht so genau, grob müssten es ungefähr 15.000 Euro sein.«

Zu Hause angekommen war ich froh, dass dieser aufregende Abend vorbei war. Ich fand keine Ruhe, setzte mich ins Wohnzimmer und schaltete den Fernseher ein. Ein bisschen neidisch war ich schon auf Manfred. Warum hatte ich nicht auch einmal so viel Glück wie er?

Am nächsten Morgen merkte meinte Mutter am Frühstückstisch schnell, dass mit mir etwas nicht stimmte. Als sie fragte, was mir los sei, erzählte ich ihr vom gestrigen Abend, davon, dass wir am Anfang solch ein Pech gehabt hatten und dass Manfred es doch noch geschafft hatte, mit einem stattlichen Gewinn nach Hause zu gehen.

Meine Eltern blickten sich an. »Ihr seid auf dem besten Wege, süchtig zu werden«, meinte mein Vater, »weißt du das?«

Und auch meine Mutter warnte mich: »Wenn ihr weiter so verbissen spielt wie gestern Abend, ist das nur noch eine Frage der Zeit.«

Meine Mutter machte sich richtig große Sorgen und kam auf die Idee, einmal mit Manfreds Eltern darüber zu sprechen, um herauszufinden, was sie davon hielten. Wie sich herausstellte, teilten seine Eltern die gleichen Sorgen wie meine.

Manfred und ich trafen uns nachmittags. Er schwärmte mir von seinem neuen Auto vor, das er am Montag gleich kaufen wollte. Ich lächelte ihn an und meinte: »Dann könntest du ja mal einen ausgeben auf deinen Glücksabend.«

»Klar«, antwortete er. »Wir gehen gut essen«, schlug er vor.

Wir ließen es uns in einem gehobenen Restaurant gut gehen, doch gleich danach bat ich Manfred, mich nach Hause zu fahren. Ich war schlecht gelaunt und müde und wollte nur noch in mein Bett.

Manfred hingegen hatte gute Laune, es war die Nachwirkung vom Samstagabend. Die ganzen Glückshormone schwirrten noch immer in Manfreds Blutbahnen umher. Mit dem Gewinn konnte er locker das Auto bezahlen, ohne das gewonnene Geld von den letzten Wochen anzurühren. Im Moment hatte es absolut keinen Sinn, mit Manfred über die Anfänge einer Spielsucht zu sprechen. Das konnte ich mir schenken.

Am nächsten Morgen ging Manfred nach dem Frühstück in sein Zimmer und holte das Geld, um den Kauf des Autos perfekt zu machen. Beim Verlassen des Hauses nahm er noch einmal seine Mutter in den Arm und drückte sie ganz fest an sich, dabei sagte er: »Macht euch keine Sorgen, wir passen auf uns auf.«

Er wusste ganz genau, was er an seinen Eltern hatte, und kannte ihre Sorgen bezüglich seines Spielens im Casino.

Er fuhr mit dem GTI zum Autohändler, in dessen Werkstatt er arbeitete, und legte dort den gesamten Kaufpreis bar auf die Theke. Der Verkäufer staunte nicht schlecht und sagte: »Hast du übers Wochenende eine Bank ausgeraubt?«

Manfred lächelte: »Wer weiß?«

Sein altes Auto gab er in Zahlung und erhielt immerhin noch 500 Euro dafür. Er wusste, dass es nur noch Schrottwert hatte. »Aber einen Satz Winterreifen auf Felgen müsste doch noch herausspringen«, fragte Manfred ganz frech.

Der Verkäufer musste im ersten Moment ein bisschen schlucken: »Ich frage unseren Chef.«

Kurz vor Mittag wurde Manfred in den Verkaufsraum gerufen: »Die Winterreifen samt Felgen wurden vom Chef genehmigt«, sagte der Verkäufer und grinste Manfred an.

Der freute sich wie ein Kind und dachte dabei, dass es zurzeit prima für ihn lief. Mit Geld erfüllten sich alle Wünsche.

Nach Feierabend fuhr Manfred gleich nach Hause und erzählte seinen Eltern voller Stolz, was er beim Autokauf ausgehandelt hatte. Zur Feier des Tages lud er sie zum Essen ein und machte mit ihnen anschließend eine kleine Spritztour durch die Rhön mit dem neuen GTI. Abends, als er im Bett lag, konnte er nicht sofort einschlafen, denn seine Gedanken kreisten schon wieder um das Roulette und wie er seinen nächsten Gewinn einstreichen könnte ...

Seine Arbeitskollegen, die natürlich mitbekommen hatten, dass er sich den GTI gekauft hatte, waren neidisch. Sie fragten ihn, wie er denn an so viel Geld herangekommen sei, doch Manfred verwies nur auf die Banken. Schließlich wollten sie einen ausgegeben haben, denn sonst »liefen die Räder nicht rund«. Manfred erwiderte darauf nichts. Doch die permanenten Sticheleien nervten ihn irgendwann so sehr, dass er ärgerlich meinte: »Ich gebe einen aus, wenn *ich* es will.«

Daraufhin ließen sie ihn links liegen, sprachen kaum noch mit ihm. Obwohl Manfred an diesem Tag mit Elan an die Arbeit gegangen war, war seine gute Laune gegen Nachmittag auf dem Nullpunkt. Er dachte darüber nach, am Abend ins Casino zu fahren, doch sein Vater durchkreuzte seine Pläne, denn er sollte Rasen mähen und ein wenig bei der Gartenarbeit helfen. Nun war es endgültig mit der guten Laune vorbei.

Manfred nahm sich vor, dann eben am nächsten Abend ins Casino zu fahren.

*

Als er am nächsten Tag nach der Arbeit zu Hause angekommen war, zog er sich schnell um, schnappte sich 10.000 Euro und war gerade im Begriff zu gehen, als ihn seine Mutter aufhielt. »Du hast es aber eilig, ins Casino zu kommen.«

Er erzählte ihr irgendetwas von einer Feier im Casino, doch seine Mutter durchschaute ihn, merkte rasch, dass dies nur eine Ausrede war, schnell wegzukommen. Sie ließ ihn ziehen, was hätte sie auch machen können.

Manfred war selig. Endlich konnte er losfahren. An diesem Abend hatte er sich vorgenommen, alleine ins Casino zu fahren. Er wollte nicht von mir ausgebremst werden, wollte in Ruhe spielen, wollte nicht zur Heimfahrt gedrängt werden.

Im Casino angekommen stürzte er sich gleich an einen Spieltisch und wechselte 2.000 Euro in 50er-Jetons um. Sein Spielsatz war immer 1/1, zum Beispiel 23 1/1, das waren die Zahlen 8, 23 und 10 im Kessel, sein Einsatz pro Spiel war 150 Euro. Bei einem Gewinn würden 1.750 Euro ausgezahlt werden. Nach gut einer Stunde waren die ersten 4.000 Euro verloren und sein Gesicht versteinerte sich, wie immer, wenn es nicht so gut lief.

Um weiterzuspielen, tauschte er nur noch 1.000 Euro um, ließ sich auch keine 50er-Jetons mehr geben, sondern 20er-Jetons. Nach drei verlorenen Spielen gewann er das erste Mal auf eine Zahl und erhielt 700 Euro zurück, was ihm ein bisschen Hoffnung gab, aber keinen Verlustausgleich schaffte. In den nächsten zwei Stunden ging es auf und ab, jedoch ohne großen Gewinn. Um 22.30 Uhr überprüft Manfred seine Finanzen und stellte mit Entsetzen er fest, dass er noch immer mit 3.000 Euro im Minus war.

Hin- und hergerissen zwischen dem Versuch, das verlorene Geld wieder zurückzugewinnen, oder nach Hause zu fahren, siegte diesmal schließlich die Vernunft und er machte sich auf den Heimweg. Seine Laune, die er gehofft hatte, mit diesem

Casinobesuch aufzubessern, war wieder am Tiefpunkt angelangt, dementsprechend war auch seine Fahrweise.

Zu Hause legte er sich gleich ins Bett. Er wollte sich keinesfalls die Vorhaltungen seiner Mutter anhören, die natürlich wieder wusste, dass er eine Menge Geld verloren hatte. Doch einschlafen konnte er nicht sofort. Seine Gedanken kreisten wieder um das Roulette, die Kugel rollte in seinen Gedanken und er versuchte, sich zu trösten. Schließlich war noch genug Geld da. Beim nächsten Mal würde er wieder vorsichtiger spielen und bestimmt auch wieder gewinnen.

Am nächsten Morgen kam ein gut gelaunter Manfred zum Frühstückstisch. Seine Mutter wunderte sich, dass ihr Sohn wie ausgewechselt war, nutzte aber die Gelegenheit, ihn auf den gestrigen Abend anzusprechen. »Du hattest gestern aber schlechte Laune, als du nach Hause kamst? Was war denn los?«

»Ich werde es euch nach der Arbeit erzählen«, wich Manfred aus.

Er packte seine Sachen und fuhr zur Werkstatt. Seine Eltern waren beruhigt und vermuteten, dass es nicht so schlimm sein würde, wie sie angenommen hatten.

In der Mittagspause rief mich Manfred an und erzählte mir von dem gestrigen Abend im Casino. »Du hättest mich auch anrufen können, ich wäre doch mitgefahren«, erwiderte ich.

Aber Manfred meinte: »Sei froh, dass du nicht dabei gewesen bist, ich habe 3.000 Euro verloren.«

Darauf sagte ich nichts.

Nach der Arbeit wurde Manfred von seiner Mutter erwartet, die nun ganz genau wissen wollte, was im Casino passiert war. Ohne Umschweif erzählte er, dass es am letzten Abend nicht gut gelaufen war. »Ich habe 500 Euro verloren«, log er.

Eigentlich hatte Manfred ein sehr gutes Verhältnis zu seiner Mutter. Es war das erste Mal, dass er sie belogen hatte. Und seine Mutter merkte es sofort. »Du sagst mir nicht die

Wahrheit. Bist alt genug, musst wissen, was du machst, aber du brauchst mich nicht zu belügen.«
Doch Manfred blieb bei seiner Version.
Am Freitagabend trafen wir uns auf ein Bier in der Kneipe. Gelangweilt schauten wir in die Runde und wussten nicht, was wir mit dem Abend anfangen sollten. Ich machte den Vorschlag, wieder einmal in eine Disco zu fahren, um nach schönen Mädchen Ausschau zu halten. Schließlich lagen uns unsere Eltern schon lange in den Ohren, dass wir uns mal eine Freundin suchen sollten. Als ob das so einfach wäre. Vermutlich hatten sie die Hoffnung, dass wir mit einer Freundin das Casino links liegen lassen würden. Manfred und ich waren keinesfalls hässlich, doch unsere gesamte Freizeit verbrachten wir hauptsächlich im Casino. Die Frauen, die wir dort trafen, waren meist in Begleitung. Das war der Grund, warum wir mit 24 Jahren noch immer keine Freundin hatten.

In der Disco war noch nicht viel los, wir überblickten den Saal, dabei stieß mir Manfred in den Rücken. »Was hältst du dort von dem Tisch, lauter hübsche Mädchen?«

In diesem Moment, als ich dort hinschaute, blickte ein Mädchen zu mir zurück. Es muss nur eine Sekunde gewesen sein, als sich unsere Blicke kreuzten. Wie vom Blitz getroffen fing es in meiner Magengrube an zu rumoren. Ich musste immer wieder zu ihr hinschauen, manchmal trafen sich unsere Blicke. Doch ich hatte keinen Mut, sie anzusprechen. In Gedanken schalt ich mich einen Feigling, ärgerte mich über mich selbst, bis es Manfred mitbekam und mich ein wenig damit aufzog. Ich konnte keinen Blick mehr von ihr lassen, manchmal sah ich schon, sie wollte mich mit einer Kopfbewegung auffordern, dass ich zu ihr komme. In Wirklichkeit war es aber nur ein Hirngespinst von mir. Je später der Abend, umso mutiger wurde ich. Endlich stand ich auf, um mit ihr zu tanzen. Sie lächelte mich an und ging mit mir auf die Tanzfläche. Dabei sagte sie: »Das hat aber lange gedauert.«

Je länger wir zusammen tanzten, umso weicher wurden meine Knie. Das richtige Selbstvertrauen, ein Gespräch anzufangen, hatte ich vor Aufregung nicht. Es dauerte noch fast zwei Stunden, bis ich meinen ganzen Mut aufbrachte und fragte, ob wir uns nicht ein bisschen zusammensetzen wollten. Doch ich bekam eine Abfuhr: »Ich muss mich mit meiner Freundin besprechen.«

Erleichtert ging ich zurück zu Manfred: »Ich glaube, wir haben Glück, sie will erst einmal mit ihrer Freundin darüber sprechen, ob sie zu uns an den Tisch kommen!«

Manfred und ich warteten einen Tanz nach dem anderen ab, aber keine Regung kam von den Mädchen. Wieder nahm ich allen Mut zusammen, stand auf und ging zu ihnen an den Tisch und fragte, ob sie nicht zu uns rüberkommen wollten. Sie nickten und standen auf.

Ich war geschwitzt, als hätte ich den ganzen Tag hart gearbeitet. Mir blieb das Wort fast im Halse stecken. Meine Kehle war wie ausgetrocknet. Zu viert machten wir uns auf die Suche nach einem geeigneten Tisch, der etwas abseits des Trubels stand. Ich versuchte krampfhaft, ein Gespräch anzufangen, was mir nicht leichtfiel. Manfred dagegen war still, ihn hatte der Mut ganz verlassen.

Wir ließen keinen Tanz aus, in den Pausen nippten wir an unseren Getränken. Das war das Einzige, um unsere Nervosität in den Griff zu bekommen. Bei Blickkontakt kam immer ein verschmitztes Lächeln über ihre Lippen, aber auch bei mir.

Irgendwann standen beide Freundinnen auf und gingen auf die Toilette. Wir schauten uns an, wussten nicht, was das zu bedeuten hatte. Zurück am Tisch wollten sie als Erstes wissen, wie wir hießen. Das hatten wir ganz vergessen. Wir hatten uns noch nicht einmal vorgestellt. Ich stand auf, wie es sich gehörte, und sagte: »Mein Name ist Jürgen.«

Auch Manfred stellte sich vor und anschließend reichten wir uns die Hände. Die beiden Mädels hießen Andrea und Katharina. Auf einmal war der Bann gebrochen. Katharina setzte sich neben mich und Andrea neben Manfred. Wir hatten Gesprächsstoff, der nicht enden wollte, selbst Manfred, der bis dahin fast nur geschwiegen hatte, unterhielt sich recht angeregt mit Andrea. Jetzt verging die Zeit wie im Fluge, das Kribbeln im Bauch wurde immer stärker. Von uns aus hätte die Disco noch viel länger geöffnet sein können, aber um sechs Uhr morgens war Schluss.

Beim Verlassen des Tanzschuppens wollte Manfred alle nach Hause fahren, doch Andrea erwiderte: »Wir haben unseren eigenen Wagen.«

»Wer hat denn von euch ein Auto?«, fragte er ganz interessiert.

Schlagfertig, wie Katharina auf einmal war, fragte sie zurück: »Wer will das wissen?«, und fügte gleich hinzu: »Neugierig seid ihr nicht!«

Sowohl Manfred als auch ich bekamen einen ganz roten Kopf. Am liebsten wäre ich im Erdboden versunken. Wir begleiteten die beiden zu ihrem Auto, es war ein etwas älterer Opel Corsa. Als wir vor dem Fahrzeug standen, verabredeten wir uns noch für den Sonntag im Schlossgarten, tauschten unsere Handynummern aus und verabschiedeten uns.

Manfred und ich liefen zu seinem GTI, der um die Ecke geparkt war. Ich war sichtlich aufgeregt, als wäre es Liebe auf den ersten Blick. Und es war auch Liebe auf den ersten Blick. Bei Manfred war das Gefühl nicht so stark, er hatte keine Schmetterlinge im Bauch, wie ich. Seine Gedanken kreisten nur ums Casino, um die rollende Kugel, um einen satten Gewinn. Auf der Heimfahrt war ich nicht zu bremsen, kam aus dem Schwärmen nicht heraus. »Katharina ist ja auch ein hübsches Mädchen«, pflichtete Manfred mir bei.

»Andrea sieht doch auch gut aus, Manfred!«

Doch darauf erwiderte er nichts. Vor meiner Haustüre verabredeten wir uns für den Abend. Wir wollten wieder ins Casino fahren. »Gegen 18 Uhr hole ich dich ab«, sagte er noch, doch ich hörte fast gar nicht zu, dachte nur an die Verabredung mit Katharina am Sonntag.

Eigentlich wäre ich am liebsten mit Katharina ausgegangen, anstatt ins Casino zu fahren, doch leider hatte Katharina an diesem Abend keine Zeit, sie traf sich mit ihrer Freundin Andrea. Da ich ständig an Katharina denken musste, kam mir das Casino als Ablenkung gerade recht. Das brachte mich vielleicht auf andere Gedanken.

Manfred war gerade das Gegenteil. Seine Gedanken kreisten nur um das Roulette und wie er sein verlorenes Geld wieder zurückholen könnte. Als er vor unserem Haus stand, stieg er erst gar nicht aus, sondern hupte nur. Er hatte es eilig, ins Casino zu kommen, so schien es mir.

Während der Fahrt sprachen wir kaum miteinander. Jeder hing seinen Gedanken nach, Manfred dachte an Roulette und ich an Katharina. Nur das Radio spielte.

Im Casino ging Manfred gleich an die Kasse, um Jetons einzutauschen. Dann drehte er sich zu mir um und sagte: »Am besten, wir trennen uns, du bist ja doch nicht auf Roulettespielen eingestellt. Du denkst ja nur an deine Katharina.«

Wie recht du doch hast, dachte ich.

Die Lust kam aber dann doch beim Spiel, als ich merkte, dass ich auf Rot oder Schwarz immer wieder gewann. Nach etwa einer Stunde überprüfte ich meine Finanzen, dabei stellte ich ein Guthaben von über 200 Euro fest, hörte auf zu spielen und suchte nach Manfred. Wo war er bloß? Ich ließ meinen Blick langsam durch das Casino schweifen, begutachtete die goldenen Lüster, die sich gut von den roten Wänden ringsherum absetzten und betrachtete die Roulettetische, deren Spielfläche mit grünem Tuch überzogen war. Mein Blick wanderte weiter zu den einzelnen Spielern, die manche verkniffen, andere dagegen recht locker ihre Einsätze tätigten. Ich entdeckte Manfred natürlich an einem Roulettetisch, der als Einsatz als Minimum 20 Euro akzeptierte. Er versuchte verzweifelt, Gewinne einzufahren. Ich schlenderte langsam zu meinem Freund und beobachtete dabei, wie er verbissen auf die rollende Kugel schaute, wenn sie sich im Kessel bewegte.

»Gewinn und Verlust halten sich bis jetzt die Waage,« war die knappe Antwort Manfreds, obwohl ich doch noch gar nichts gefragt hatte.

Der Druck lastete schwer auf meinem Freund. Er spielte immer weiter, ohne mich groß zu beachten. Ich ging wieder zurück zur Bar, bestellte mir etwas zu trinken und war in Gedanken bei meiner Verabredung mit Katharina. Ob sie vielleicht auch an mich dachte?

Nach etwa eineinhalb Stunden kam auch Manfred an die Bar, bestellte sich ein kühles Bier und erzählte, dass er den Verlust vom Anfang wieder zurückgewonnen hatte, außerdem noch 500 Euro zusätzlich. »Heute lief es nicht gut, am besten, ich spiele heute nicht mehr«, sagte er.

Ich war überrascht, dass Manfred schon aufhören wollte. Das war gar nicht seine Art. Er sah richtig abgespannt aus.

Nach dem ersten Bier entspannte Manfred zusehends. Er war erleichtert, dass er einen kleinen Gewinn eingefahren hatte und ohne Verlust nach Hause fahren konnte.

»Ich denke schon den ganzen Abend an gestern«, startete ich ein Gespräch.

»Ich glaube, Jürgen, dich hat es ganz schön erwischt, du bist ja richtig verliebt,« stellte Manfred dabei fest. »Ich aber auch«, gab er zu.

Nachdem wir ausgetrunken hatten, machte Manfred das erste Mal als Erster den Vorschlag, nach Hause zu fahren. Ich willigte ein. Der Abend hatte ihm doch ganz schön zugesetzt, erst der Verlust, dann durch ausdauerndes Spiel langsam wieder Gewinn zu machen. Damit wollte er sich beweisen, dass er nicht spielsüchtig war.

Meine Eltern sahen noch Fernsehen, als ich die Tür aufschloss, und waren überrascht, dass ich schon zurück war. Üblicherweise kam ich, wenn ich im Casino war, nicht vor vier, fünf Uhr nach Hause. Nachdem ich kurz erzählt hatte, was im Casino so gelaufen war, gestand ich, dass meine Gedanken die ganze Zeit bei Katharina gewesen waren. Meinen Eltern hatte ich bereits erzählt, dass Manfred und ich zwei hübsche, nette Mädels in der Disco kennengelernt hatten und ich mich offensichtlich auf den ersten Blick verliebt hatte. Die Erleichterung war meinen Eltern anzusehen. Sie gaben mir

den Rat, nichts von unseren Casinobesuchen zu erzählen.
»Wer weiß, wie die darauf reagieren«, meinte mein Vater.

»Macht euch keine Gedanken«, beruhigte ich sie und ging auf mein Zimmer.

Als ich da so auf meinem Bett saß und wieder nur an Katharina denken konnte, beschloss ich, sie anzurufen. Ich glaubte nicht wirklich, dass sie um diese Zeit, es war immerhin schon halb drei Uhr nachts, ans Telefon gehen würde, doch überraschenderweise war sie nach dem dritten Klingeln in der Leitung.

»Ich habe schon viel früher mit deinem Anruf gerechnet, warum so spät,« war die etwas vorwurfsvolle Begrüßung.

Da ich ihr nichts von den Casinobesuchen erzählen wollte, hatte ich keine richtige Ausrede parat. Wir sprachen über den letzten Abend in der Disco, dabei gestand sie: »Ich habe lange gewartet, bis du zu mir kamst, um zu tanzen.«

Ich musste lächeln. Ich gab zu, dass ich nicht viel Mut gehabt hatte.

»Wo wart ihr denn heute Abend?«, fragte sie. »Wart ihr etwa schon wieder in der Disco?«

»Nein, in der Disco waren wir nicht«, konnte ich sie beruhigen, aber ich erzählte auch nicht, wo wir gewesen waren.

Mit dieser Antwort gab sie sich nicht zufrieden, das merkte ich, doch vorerst beendete sie das Gespräch und sagte mit einer vertraulichen, fast schon zärtlichen Stimme: »Bis morgen.«

»Bis morgen«, antwortete ich und legte auf.

Am Morgen telefonierte ich erneut mit Katharina und war richtig aufgeregt wie ein kleiner Junge, als sie am Telefon war. Am liebsten hätte ich ihr gesagt, dass ich richtig verliebt war, aber noch traute ich mich das nicht. Wieder wollte Katharina wissen, was wir am Samstagabend gemacht hatten, doch ich wich ihr aus. Um sie zu beruhigen, sagte ich: »Wenn wir mal alleine sind, werde ich dir alles erzählen.«

Damit gab sich Katharina erst einmal zufrieden.

Ich war noch gar nicht fertig angezogen, als Manfred bei uns an der Haustüre klingelte. Er war mit meinen Eltern alleine, die ihn natürlich ausfragten. Als ich endlich abfahrbereit hinzukam, verdrehte Manfred die Augen und verabschiedete sich schnell von meinen Eltern. »Wir müssen los.«

Am verabredeten Platz am Schlossgarten war von Katharina und Andrea nichts zu sehen. »Die haben uns ganz schön versetzt«, meinte Manfred enttäuscht.

Katharina und Andrea ließen auf sich warten. Ich war zuversichtlich, dass die beiden noch auftauchen würden. Es vergingen fast zehn Minuten, bis sie mit dem Auto um die Ecke kamen. Sie parkten direkt neben uns und stiegen aus. Wir sahen unsere beiden Eroberungen das erste Mal bei Tageslicht und ließen unsere Blicke über die Mädels gleiten. Katharina bemerkte das sofort, sagte aber nichts. Andrea hatte nur Augen für Manfreds Auto. Sie ging um den Wagen herum und stellte zu ihrer Überraschung fest: »Das ist ja ein Golf GTI.«

Manfred war stolz, seine Augen leuchteten. »So ein Auto möchte ich auch einmal fahren«, meinte sie und schaute Manfred dabei fragend an.

»Wer weiß, vielleicht schon heute«, erwiderte er lächelnd.

Im Auto machte Manfred den Vorschlag, mal wieder auf den Kreuzberg in der Bayerischen Rhön zu fahren. Das Franziskanerkloster auf dem dritthöchsten Rhönberg mit seiner Schenke lockte nicht nur mit dem leckeren selbst gebrauten Bier und der fränkischen Küche. Auch die Gegend rund um die drei Kreuze war sehenswert. Das mächtige Gipfelkreuz, das schon seit Jahrhunderten in der Nähe stand, war einen Spaziergang wert. Katharina und Andrea waren einverstanden. Während der Fahrt war die Stimmung richtig gelöst. Andrea war neugierig auf das Auto, fragte Manfred alles über den Golf aus und er hatte für technische Sachen ja ein offenes Ohr. Er erklärte ihr alles, was sie wissen wollte, und war ganz in seinem Element. Manfred imponierte Andrea mit seinem fachlichen Wissen und sie ihm mit ihrem Interesse fürs Auto.

Katharina und ich waren ruhig, aber unsere Augen sprachen Bände. Wir saßen auf dem Rücksitz des Golfs. Mit meinen Gedanken war ich schon weiter. Wie kam ich Katharina näher? Ich nahm allen Mut zusammen und griff nach ihrer Hand, streichelte sie leicht und war richtig überrascht, als sie lächelte. Sie drückte meine Hand sogar noch fester an sich. Ich war selig. Für mich ging ein lang gehegter Traum in Erfüllung, endlich das Mädchen gefunden zu haben, wie ich es mir immer vorgestellt hatte. Während der Fahrt schauten wir uns immer wieder verliebt an. Katharina fixierte mich mit ihren Augen, dabei kam ein leichtes Lächeln über ihre Lippen.

Mein Freund fuhr mal wieder viel zu schnell, im Nu waren wir auf dem Kreuzberg. Auf dem Weg vom Parkplatz zur Kreuzbergschänke hielt mich Katharina fest, als wollte sie damit sagen: »Ich lasse dich nicht mehr los.« Mir gefiel das sehr. Oben angekommen holten wir uns erst einmal ein kühles Kreuzbergbier, außer Andrea. Mit der Ausrede, dass sie kein Bier trinke, spekulierte sie mit dem Gedanken, nachher den GTI fahren zu dürfen. Wenn alle anderen etwas getrunken hatten, war ihre logische Folgerung, dass sie sich dann ans Steuer setzen würde.

»Jetzt könnte ich mal etwas essen«, meinte Andrea. Auch Katharina hatte nach dem Bier Hunger bekommen. Wir besorgten für jeden ein Käsebrot, die Spezialität des Kreuzberges. Es schmeckte zum Bier vorzüglich, sodass wir drei noch ein halbes Maß Bier holten. Langsam kam bei uns Stimmung auf, es dauerte auch nicht lange, da nahm ich Katharina in den Arm und drückte sie an mich. Katharina lachte dabei. Ich hatte die Vermutung, dass sie darauf gewartet hatte. Auch bei Manfred tat der Alkohol seine Wirkung.

Nach dem Essen, wir waren richtig faul geworden, wollte sich keiner zu einem kleinen Spaziergang aufraffen. Doch Andrea ließ nicht locker, sie wollte sich unbedingt vor der Heimfahrt die Füße vertreten. Widerwillig nahmen wir den Vorschlag für einen kleinen Spaziergang an. Bei den Souvenir-Buden kaufte ich Katharina ein kleines Andenken. Das

Gleiche machte Manfred für Andrea. Sie schmiegte sich ganz dicht an ihn.

Es war ein schöner Nachmittag, der leider viel zu schnell verging. Ob wir wollten oder nicht, wir mussten uns auf den Heimweg machen. Wir liefen die wenigen Hundert Meter zum Parkplatz und ohne ein Wort zu sagen, gab Manfred Andrea den Autoschlüssel. Sie grinste ihn an und nahm den Schlüssel an sich. Katharina und ich nahmen im Fond des GTI platz, Manfred setzte sich auf den Beifahrersitz. Andrea stieg auf der Fahrerseite ein, stellte sich den Autositz ein, dann den Rückspiegel und steckte den Schlüssel in das Schloss. Mit einem kleinen Seitenblick zu Manfred und einem leichten Grinsen im Gesicht drehte sie den Schlüssel im Schloss um und gab etwas Gas. Der GTI surrte. Sie löste die Handbremse und wollte gerade anfahren, als sie vor lauter Aufregung den Golf abwürgte. Er gab ein stotterndes Geräusch von sich, bis der Motor erstarb. Andreas Gesichtsfarbe änderte sich ins leicht Rötliche. Im zweiten Anlauf schaffte sie es ohne Probleme. In kurzer Zeit stand der Tacho auf 100 km/h. »Wow, das ist ein tolles Auto«, rief sie vor Begeisterung und gab noch einmal zusätzlich Gas. »Den Wagen werde ich noch öfters fahren«, sagte sie, während sie leicht lächelnd Manfred einen Blick zuwarf.

Durch das Bier war Katharina etwas müde geworden und hatte ihren Kopf an meine Schulter angelegt. Ich streichelte ihr leicht durch ihr halblanges rehbraunes Haar. Sie schien es zu genießen. Die Zeit verging wieder viel zu schnell, da standen wir auch schon auf dem Parkplatz, wo Katharina ihr Fahrzeug geparkt hatte. Auf Manfreds Vorschlag, zum Abschluss noch gemütlich irgendwo etwas trinken zu gehen, wehrten Katharina und Andrea ab. Sie fanden den Tag wunderschön, müssten aber beide morgen wieder arbeiten. Katharina drehte sich zu mir und fragte: »Ich möchte dich nach Hause fahren, wenn es dir recht ist.«

Und ob es mir recht war. Etwas anderes konnte ich mir gar nicht wünschen, im Geheimen hatte ich schon daran gedacht.

Von Andrea kam der gleiche Vorschlag, ob Manfred sie nach Hause fahren würde, was Manfred lächelnd ablehnte. »Du kannst doch selber fahren.«

Ich stieg zu Katharina ins Auto und schnell brauste sie mit mir davon, als wollte sie mir zeigen, dass auch sie gut fahren konnte, nicht nur Andrea. Viel zu schnell waren wir auch bei mir zu Hause. Vor der Tür saßen wir im ersten Moment still im Auto. Sie schaute mich richtig verliebt an, am liebsten hätte ich meine ganze Zurückhaltung fallenlassen. Doch ich traute mich nicht.

»Was machst du eigentlich beruflich«, fragte sie plötzlich in die Stille hinein.

»Ich bin Maler«, antwortete ich.

Dabei fing Katharina an laut zu lachen. Im ersten Moment konnte ich ihr Verhalten nicht verstehen. Ich bekam einen roten Kopf und fragte, ob ich was Falsches gesagt hätte. Sie nahm meine Hand und meinte: »Es ist nicht schlimm, aber es gibt Zufälle, da musste ich halt lachen. Ich bin doch selbst Malerin von Beruf.«

Jetzt musste auch ich schmunzeln. Ich nahm Katharina in den Arm und drückte sie fest an mich. Dabei konnte ich mich nicht mehr zurückhalten und wir küssten uns. Über eine Stunde saßen wir zusammen im Auto und hielten uns ganz fest. Dabei rückten wir noch dichter zusammen. »Zurzeit gehe ich in die Meisterschule«, sagte sie. »Nach bestandener Prüfung übernehme ich den Betrieb meiner Eltern.«

»Da hast du aber noch was Großes vor dir«, lobte ich sie. »Das ist halb so schlimm«, meinte sie. »Wann sehen wir uns wieder? Was hältst du denn von Dienstag?«

Ich nickte nur. Klar, Dienstag passte prima, auch Montag oder Mittwoch wären gegangen. Mit einem Kuss auf die Wange verabschiedeten wir uns endlich. Ich stieg aus und Katharina winkte noch einmal, schon war sie um die Ecke verschwunden.

Nachdem ich die Haustüre hinter mir geschlossen hatte, kam auch schon meine Mutter Irene angelaufen. Sie wollte alles wissen. Voller Begeisterung erzählte ich ihr von Katharina, auch, was wir den Nachmittag gemacht hatten. Meine Mutter wurde immer neugieriger, wollte noch mehr wissen, auch, was Katharina von Beruf war. Dabei musste ich lachen, sagte nur: »Sie hat den gleichen Beruf wie ich.«

Mein Vater Norbert saß auf der Couch und schüttelte den Kopf. Dann meinte er zu seiner Frau: »Irene, stell nicht immer wieder die gleichen Fragen.«

»Katharina ist wie ich ein Einzelkind«, sagte ich noch, »sie wird den Betrieb ihrer Eltern übernehmen. Zurzeit macht sie die Meisterschule im Abendlehrgang.«

Damit war meine Mutter erst einmal zufriedengestellt.

In meinem Zimmer griff ich sofort zum Hörer und rief Katharina an. Ich erzählte ihr, was meine Eltern gesagt hatten und sie berichtete mir von ihren Eltern. Wir mussten beide lachen, waren die Fragen doch sehr ähnlich gewesen. Mit einem dicken Kuss durchs Telefon verabschiedeten wir uns.

*

Während der Arbeit am Montag musste ich oft an Katharina denken. Spätestens am Abend würden wir wieder miteinander telefonieren. Damit tröstete ich mich selbst. Ich fasste den Vorsatz, nicht mehr mit Manfred ins Casino zu fahren. Jetzt hatte ich endlich eine Ausrede: Ich war mit Katharina verabredet.

Nach Feierabend rief ich Katharina an. Sie hatte sich schon gedacht, dass ich es war. Wir hatten uns viel zu erzählen, als wäre nicht erst ein Tag vergangen, den wir uns nicht gesehen hatten.

Auch Manfred rief an diesem Abend an und wollte wissen, wie es bei mir gelaufen war. Ich berichtete ihm von Sonntagabend und kam dabei richtig ins Schwärmen. Ich sah alles durch eine rosarote Brille. Auch Manfred schwärmte für Andrea, es war aber nicht so richtig überzeugend. Sicher fand er sie attraktiv und bewunderte ihr technisches Interesse, doch Schmetterlinge im Bauch hatte er nicht. »Wie sieht es aus«, wechselte er das Thema, »kommst du am Mittwoch wieder mit ins Casino?«

»Nein«, kam prompt von mir. »Ich kann nicht, ich bin mit Katharina verabredet.«

»Dann können wir uns ja am Freitag in der Disco treffen?«, fragte Manfred.

Ich zögerte ein wenig, denn eigentlich wollte ich mit Katharina alleine sein. »Ich spreche mit Katharina darüber«, antwortete ich, um mich nicht festzulegen.

Manfred war es egal, ob ich mit ins Casino kam oder nicht. So hatte er zumindest freie Hand, konnte so lange bleiben, wie er wollte und so riskant spielen, wie er meinte, ohne dass ich etwas gesagt hätte.

Der Dienstag verging viel zu langsam. Ich hatte Sehnsucht nach Katharina, konnte es kaum abwarten, bis wir uns abends sehen würden. Pünktlich um acht Uhr stand sie vor der Haustüre. Mit einem kleinen »Hallo« ließ sie sich von mir in den Arm nehmen.

Meine Mutter, die mich heimlich vom Küchenfenster aus beobachtete, obwohl sie so tat, als würde sie schwer beschäftigt mit dem Essen hantieren, grinste vor sich hin. Seit Sonntag lag sie mir in den Ohren, wollte alles ganz genau wissen. Sie freute sich für mich, gar keine Frage, aber so langsam nervte es mich ein wenig.

Ich nahm Katharina bei der Hand und wir machten uns auf den Weg. Ziellos liefen wir durch die Stadt, bis ich den Vorschlag machte, dass wir ein bisschen im Schlosspark spazieren gehen könnten. Anschließend suchten wir uns ein gemütliches Weinlokal aus. Alle Vorschläge waren Katharina recht, Hand in Hand spazierten wir schweigsam nebeneinander her, jeder mit seinen Gefühlen beschäftigt.

Wir betraten ein kleines, gemütliches Weinlokal, das noch geöffnet hatte, und setzten uns in ein verträumtes Eckchen, in dem wir ungestört waren. Nach dem ersten Glas Wein hatten wir auf einmal Gesprächsstoff, dabei wollte Katharina wissen, wie groß meine Freundschaft zu Manfred war. »Ich kenne Manfred schon seit der Schule«, antwortete ich. »Wir waren unzertrennlich, die Nachbarschaft hielt uns schon für Geschwister.«

Sie nickte. »Also seid ihr sehr dick befreundet?«

»Ja, so könnte man es sagen. Er ist mein bester Freund.«

Eigentlich war er mein einziger Freund, das wollte ich Katharina aber nicht erzählen. Im Laufe des Abends wurde es zwischen uns mehr und mehr entspannter, wir rückten immer dichter zusammen. Ich genoss die Situation, sie war genau nach meinem Geschmack und auch Katharina fühlte sich sichtlich wohl.

Vor meiner Haustüre saßen wir noch lange in ihrem Auto zusammen, auseinandergehen war immer schwer. »Bis morgen Abend«, sagte ich zu ihr, zog sie schnell wieder an mich und gab ihr einen Abschiedskuss, nicht ohne vorher einen kurzen Blick zum Küchenfenster zu werfen und zufrieden festzustellen, dass meine Mutter dort nicht zu sehen war.

Katharina belohnte es mit einem süßen Lächeln, als ich sie losließ.

Voller Spannung erwarteten mich meine Eltern, meine Mutter hatte uns die ganze Zeit hinter dem Vorhang beobachtet, was mir gar nicht aufgefallen war. Das nächste Mal musste ich einfach genauer kontrollieren, ob wir unbeobachtet waren. Nachdem ich dem Wissensdurst meiner Eltern, insbesondere dem meiner Mutter, nachgekommen war und irgendwann wirklich keine Fragen mehr offen waren, ging ich zu Bett.

Katharina und ich verbrachten jede freie Minute miteinander. Wir gingen viel spazieren, fuhren zur Burgruine Ebersburg und besichtigten dort den Aussichtsturm und die alten Reste der ehemaligen Burg, die im Jahr 1100 erbaut worden war, liefen einen Rundweg auf der Wasserkuppe, dem höchsten Berg Hessens, und besuchten im Anschluss meist eine Gaststätte, um etwas zu essen oder zu trinken.

Eines Abends, wir saßen auf einer Bank in der Rhön und schauten ins Tal zur Ortschaft Poppenhausen, merkte Katharina, dass ich nicht so gesprächig war wie sonst. Ich war aufgeregt, denn für diesen Tag hatte ich mir vorgenommen, ihr meine Liebe zu gestehen. Die innere Anspannung stieg ins Unermessliche.»Was ist los?«, fragte Katharina.

Jetzt gab es für mich kein Zurück mehr. Ich nahm Katharina in den Arm, zog sie an mich und sagte dabei: »Ich liebe dich.« Nun war es raus. Meine Anspannung fiel von mir ab.

»Endlich, Jürgen, darauf habe ich die ganze Zeit schon gewartet, ich bin doch auch in dich verliebt«, sagte sie und schaute mich mit ihren wunderbaren Augen an. Sie waren blau mit winzigen dunkelgrauen Sprenkeln darin. Einfach zum Dahinschmelzen. Wir küssten uns innig und ein Zittern ging durch unsere Körper. Dabei streichelte ich immer wieder ihre Haare. Wir konnten beide nicht genug voneinander bekommen. Langsam bewegte sich meine Hand von ihrem Knie immer ein Stückchen höher. Ab einem gewissen Punkt nahm sie meine Hand von ihrem Bein und meinte: »Das ist doch noch zu früh, vielleicht später.«

Im ersten Moment war ich enttäuscht, doch dann dachte ich: *Was für ein Glück.* Nicht alle Mädchen waren wie Katharina. Wir beteuerten uns gegenseitig immer wieder unsere Liebe, dabei hielten wir uns ganz fest. »Verliebtsein macht durstig«, sagte Katharina und wir gingen Händchen haltend in das Gasthaus, das sich in der Nähe unseres schönen Aussichtsplatzes befand. Harmonischer konnte ein Abend nicht zu Ende gehen.

Bei Manfred lief es ganz anders. Er hatte Andrea nicht angerufen, die sich sicherlich auf ein Telefonat mit ihm gefreut hätte. Stattdessen war er ins Casino gefahren und hatte dort 3.000 Euro verloren. Schlecht gelaunt hatte er sich auf den Heimweg gemacht und war zu Hause von seiner Mutter erwartet worden. »Andrea hat angerufen und gefragt, warum du dich nicht bei ihr gemeldet hast.« Seine Mutter war sichtlich verärgert. Ihr war klar, wo er gewesen war und nach seiner Laune zu urteilen wusste sie auch ganz genau, was dort passiert war.

»Ich ruf sie gleich zurück«, sagte er und verschwand in seinem Zimmer. Er suchte die Telefonnummer von Andrea heraus und entschuldigte sich bei ihr. Sie telefonierten nicht lange, verabredeten sich aber für Freitagabend in der Disco.

Nachdem Manfred aufgelegt hatte, war seine Mutter ins Zimmer gestürmt und hatte ihm auf den Kopf zugesagt: »Du hast wieder alles verloren. Mach nur so weiter, dann hat das Casino bald wieder alles, was du gewonnen hast!« Voller Zorn hatte sie hinterhergeschoben: »Es hat doch keinen Zweck, dich zu fragen, wie hoch der Verlust war.« Sie hatte sich mit einem Ruck umgedreht und war aus seinem Zimmer gestiefelt, dabei hatte sie hinter sich fest die Türe zugeschlagen.

Seinen Eltern war klar, dass Manfred spielsüchtig war. Doch sie wussten nicht, wie sie ihm helfen konnten. Alle

Hoffnung lag bei seiner neuen Freundin. Vielleicht konnte sie auf ihn einwirken, vom Spielen abzulassen. Andernfalls wollten sie mit ihm zu einer Suchtberatung gehen.

Mit einem grimmigen Gesicht begann er am nächsten Morgen seinen Arbeitstag. Seine Arbeitskollegen merkten sowieso seit einiger Zeit, dass sich Manfred verändert hatte. Er war nicht mehr so entgegenkommend wie früher. Einmal, als sie ihn darauf ansprachen, wich er wieder aus. Um sich in den Arbeitspausen nicht mit den Kollegen unterhalten zu müssen, telefonierte er mit Andrea. Sie verabredeten sich spontan für den Abend.

Manfred war pünktlich, seine Laune hatte sich gebessert. Der Verlust vom Vorabend war fast vergessen, als er Andrea sah. Nach einem flüchtigen »Hallo« waren sie schon wieder unterwegs. Sie fuhren in die Rhön. Manfred parkte seinen GTI auf dem ausgewiesenen Parkplatz. Sie stiegen aus, und Hand in Hand spazierten sie am Guckaisee entlang. Sie erzählten sich, was jeder am Tag gearbeitet hatte. Auf einer Bank, die nicht einsehbar war, wollte sich Andrea ein bisschen ausruhen. Nun saßen sie dort, und von Manfred kam keine Annäherung. Sie hakte sich bei ihm ein und legte ihren Kopf an seine Schulter. Manfred war überrascht und wusste nicht, wie er sich verhalten sollte. Er nahm all seinen Mut zusammen und rückte näher an Andrea heran. Dabei wurde er immer ein bisschen mutiger, bis es zum ersten Kuss kam.

Auf der Heimfahrt dachte Manfred einmal nicht ans Casino, er war einfach nur glücklich und scheinbar ging es Andrea nicht anders. Vor Andreas Haustür saßen beide noch im Auto und küssten sich. Dabei wanderte Manfreds Hand an ihrem Knie immer mehr aufwärts, doch Andrea stoppte ihn. Immer wieder versuchte er mit seiner Hand an intime Körperregionen zu gelangen, bis es Andrea zu viel wurde, sie sich verabschiedete und aus dem Wagen ausstieg. Ohne sie an die Verabredung am Freitagabend zu erinnern, startete er sein Auto und fuhr davon.

Am letzten Arbeitstag in der Woche hatte ich nichts Eiligeres zu tun, als nach Hause zu kommen. Bis ich mich umgezogen hatte, verging eine gewisse Zeit. Früher ging so etwas viel schneller. Im Wohnzimmer verzog Vater sein Gesicht und meine Mutter sagte: Du hast aber einen Duft an dir, der spricht auch mich an.« Dabei lächelte sie vielsagend, wie es nur Mütter können.

»Ich gehe heute Abend mit Katharina essen, später treffen wir uns noch mit Manfred und Andrea vor der Disco.«

Plötzlich hupte es vor unserem Haus. Ich grinste meine Eltern an und verschwand wie ein Blitz. Im Auto lehnte ich mich zu Katharina, gab ihr einen Kuss und drückte sie fest an mich. Wir gingen zu einem netten Italiener, der nicht weit entfernt war. Mit Katharina verging die Zeit viel zu schnell. Als der Kellner mit der Rechnung kam, bezahlte ich und wir machten uns auf den Weg in die Disco, wo Manfred und Andrea schon auf uns warteten. Wir setzten uns gemeinsam an einen Tisch. Kurze Zeit später verschwanden beide Mädels auf der Toilette, »um sich frisch zu machen«. Ich war allein mit meinem Freund. Sofort begann er, vom Roulettespiel zu erzählen. Er wollte mit mir wieder einmal ins Casino und bedrängte mich regelrecht. Eigentlich hatte ich darauf keine Lust, doch er ließ nicht locker und schaffte es schließlich, mich zu überreden. »Wir können höchstens am Montag fahren, an diesem Abend hat Katharina immer ihre Meisterschule.«

Manfred nickte und wir beendeten das Gespräch, weil Katharina und Andrea von der Toilette wiederkamen.

Endlich hatte meine Freundin auch Zeit für mich, wir flirteten miteinander und tanzten ausgiebig. Im Nu war die halbe Nacht vorbei. Wir waren alle sehr müde und beschlossen, nach Hause zu fahren. Bei der Verabschiedung wollte Manfred, dass wir uns am Samstagabend wieder trafen, doch Katharina wehrte sofort ab: »Ich möchte gern mit Jürgen alleine sein.«

Ich stimmte ihr zu. »Was haltet ihr von Sonntagnachmittag«, war mein Vorschlag.

Manfred nickte und auch Andrea war einverstanden.

An einem stillen Plätzchen erzählte Katharina mir: »Die Freundschaft von Manfred und Andrea steht nicht zum Besten. Sie will es noch eine Zeit lang mit ihm versuchen.« Dann blickte sie mich an und sagte: »Als wir vorhin von der Toilette kamen, da warst du und Manfred in ein Gespräch vertieft. Ich habe einige Wortfetzen mitbekommen, kann mir aber daraus keinen Reim machen. Worüber habt ihr denn gesprochen?«

Jetzt war ich in der Zwickmühle, wollte mit der Wahrheit jedoch nicht rausrücken. Ich vertröstete sie: »Irgendwann bei nächster Gelegenheit erzähle ich dir alles, es ist nichts Schlimmes.«

»Dann kannst du mir das auch jetzt sagen«, konterte sie.

»Vertrau mir«, versuchte ich es noch einmal, »es ist nichts Schlimmes.«

Für den Moment gab sie sich zufrieden, doch ich wusste, dass sie nicht locker lassen würde.

Katharina und ich verbrachten viel Zeit miteinander, gingen zusammen tanzen, telefonierten jede freie Minute und waren einfach auf Wolke Sieben. Doch sie musste auch für die Meisterschule lernen. Ihr Vater hatte sie schon deswegen ermahnt, wie sie mir erzählte. Ihm war es sehr wichtig, zumal die Firma ja von Katharina weitergeführt werden sollte. Doch auch sie wollte so schnell wie möglich den Abschluss machen.

Katharina wohnte in einer eigenen kleinen Wohnung im Haus ihrer Eltern. Sie hatte ein Zimmer, eine eigene Dusche und eine Kochnische. Recht komfortabel, wenn man bedachte, dass ich noch immer mit meinen 24 Jahren in meinem ehemaligen Kinderzimmer bei meinen Eltern wohnte.

Katharinas Eltern wollten mich bald einmal kennenlernen und lagen ihr deswegen schon in den Ohren. Die Tatsache, dass auch ich Maler war, bescherte mir einen Pluspunkt bei ihren Eltern.

Eines Nachmittags, wir gingen alle gemeinsam bei Schloss Adolphseck – Hessens schönstem Barockschloss – spazieren, ließ sich Manfred ein wenig zurückfallen. »Was ist denn los?«, fragte ich ihn.

Sofort fing er an, sich über Andrea zu beschweren: »Sie ist manchmal richtig zickig. Ich bin von Andrea total enttäuscht.« Er erzählte mir von den Abenden, an denen sie sich getroffen hatten, davon, dass er versucht hatte, ihr näherzukommen und nun schon zum zweiten Mal eine Abfuhr kassiert hatte. Er war frustriert.

Katharina und Andrea liefen in einigen Metern Abstand und unterhielten sich ebenfalls angeregt. Als sie an dem großen Teich mit den vielen Goldfischen ankamen, betrachteten sie die teilweise riesigen Fische voller Interesse. Katharina blickte zu mir und ich lächelte ihr zu. Manfred und ich blieben stehen. »Nachdem wir gestern im Auto waren, wollte sie gleich nach Hause gefahren werden, dabei hatten wir uns den ganzen Abend zusammen amüsiert«, erzählte er weiter.

Ich wusste im ersten Moment nicht, was ich dazu sagen sollte. Nur einen Rat gab ich ihm: »Frage sie doch mal direkt, wie es weitergehen soll. Es könnte doch auch sein, dass sie mit ihren Gefühlen noch nicht richtig im Reinen ist. Ich kenne Katharina auch noch nicht lange und sie will noch ein bisschen warten, was ich im Übrigen gut finde. Ich meine schon, dass Andrea dich auf eine Art gerne hat, sonst wäre sie heute nicht mitgekommen. Habe noch ein bisschen Geduld, vielleicht wird es doch noch etwas mit euch.«

Manfred sagte nichts mehr dazu, stattdessen wechselte er das Thema. Jetzt ging es wieder um das Casino. Dabei wollte er sich vergewissern, ob es bei unserer Verabredung am Montagabend bliebe. Schweren Herzens sagte ich zu, Katharina war ja in der Meisterschule.

Wir gesellten uns wieder zu Katharina und Andrea, die noch immer die vielen Fische beobachteten. Ich schlang meine Arme um Katharina und fragte sie leise, ob jetzt alle Probleme gelöst seien. Mir war nicht entgangen, dass sich die beiden

Freundinnen angeregt unterhalten hatten. Sie nickte und ich drückte ihr einen leichten Kuss auf die Lippen.

Auch Manfred umarmte Andrea. »Entschuldige wegen gestern Nacht«, flüsterte er ihr ins Ohr.

Andrea drehte sich zu ihm um und gab ihm einen Kuss. »Es ist alles in Ordnung«, meinte sie und lächelte.

Später erzählte mir Katharina im Vertrauen, was ihre Freundin gesagt hatte. Katharina hatte Andrea den Vorschlag gemacht, erst einmal alles auf sie zukommen zu lassen. Doch Andrea hatte den Vorschlag nur halbherzig angenommen. »Weißt du«, hatte sie gesagt«, diesmal möchte ich ganz sicher sein. Ich habe schon so viele Enttäuschungen erlebt ...«

Katharina hatte genickt. »Du musst dir natürlich ganz sicher sein.«

Doch genau das war sie nicht, wie sie ihr gestanden hatte.

»Wenn er dich wirklich liebt, dann wird er so lange warten, bis du bereit dazu bist«, hatte Katharina geantwortet.

*

Am Montagabend war Manfred, wie verabredet, um 18 Uhr bei mir. Er hupte nur kurz. Meine Mutter war erschrocken und fragte, was wir vorhätten. Weil ich jedoch so schnell aus dem Haus gerannt war, hatte ich Mutters Frage nicht ganz verstanden. Ich setzte mich zu Manfred ins Auto und er fuhr sofort los. Auf der Fahrt ins Casino machte ich mir Gedanken, dass ich Katharina nichts von meinem Vorhaben gesagt hatte, mich mit Manfred zu treffen. Ein schlechtes Gewissen plagte mich schon. Manfred merkte mir meine Unruhe an: »Du bist doch noch dein eigener Herr und brauchst keinem Rechenschaft abzulegen, oder?«

Danach herrschte Ruhe im Auto. Mich plagte noch immer mein schlechtes Gewissen, während Manfreds Gedanken schon wieder nur ums Roulette kreisten. »Wir haben uns immer über Strategien vom Roulette unterhalten, wenn wir ins Casino gefahren sind, jetzt sind deine Gedanken bei deiner Katharina«, musste Manfred feststellen. »Die hat dich jetzt schon ganz schön im Griff.«

Ich erwiderte nichts, denn ich wollte keinen Streit.

Im Casino ging es wie immer nach Umtausch des Geldes in Jetons an die Spieltische. Manfred spielte gleich auf Zahlen. Ich versuchte mein Glück auf Rot oder Schwarz, gewann nicht viel, aber verlor auch nichts. Manfred spielte gleich mit höheren Einsätzen, gewann und verlor wieder. Während einer Glücksphase hatte Manfred fast seinen Verlust vom letzten Mittwoch wieder zurückgewonnen, aber er hatte keine Ruhe, wollte mehr.

Gegen 22 Uhr erinnerte ich Manfred daran, Schluss zu machen. Wie immer stand Manfred angespannt am Roulettetisch und verfolgte den Lauf der Kugel. Ich sprach ihn an: »Wann fahren wir nach Hause, morgen müssen wir doch wieder arbeiten.«

»Ich habe bis jetzt nur 500 Euro gewonnen. Durch eine Pechphase habe ich bis auf 500 Euro Gewinn wieder alles verloren.«

»Das ist doch ein gutes Ergebnis, komm, wir fahren, morgen geht's wieder an die Arbeit.«

»Wir fahren um halb elf los. Bis dahin versuche ich, meinen Verlust vom Mittwoch wieder zurückzugewinnen.«

Wer's glaubt, wird selig, dachte ich bei mir, sagte aber nichts mehr dazu. Es war zwecklos. Wenn Manfred so versessen aufs Spiel war, brauchte ich nicht mit der Heimfahrt zu kommen.

Von der Bar aus beobachtete ich meinen Freund, wie verbissen er spielte. Gewinn und Verlust hielten sich diesmal nicht die Waage. Nach der verabredeten Zeit drängte ich: »Komm, wir fahren heim.«

Manfred war ärgerlich: »Jetzt habe ich auch noch meinen Gewinn von 500 Euro plus 500 Euro eigenes Geld verloren!« Leise schimpfte er vor sich hin: »So ein Mist, ich muss doch irgendwann wieder einmal Glück haben!«

Auch ich ärgerte mich, es wurde immer später, Manfred konnte nie Wort halten. Meiner Meinung nach war er richtig im Spielrausch, bei einer Verlustphase gab es kein Ende. Wieder drängte ich und wurde dabei richtig zornig: »Wenn wir jetzt nicht gehen, kannst du das nächste Mal alleine fahren.«

Nach drei Spielen sagte Manfred endlich schlecht gelaunt: »Komm, wir fahren nach Hause.«

Sein Verlust war auf 300 Euro geschrumpft.

Ich war froh, dass wir endlich nach Hause fuhren. Um ein Gespräch anzufangen, erzählte ich: »Ganz umsonst war es für mich doch nicht. Ein kleiner Gewinn von 100 Euro ist ja auch nicht schlecht, Hauptsache, kein Verlust.«

Manfred verzog sein Gesicht, als wollte er sagen: »Du mit deinem Kleinkram.« Im Stillen nahm ich mir vor, nicht mehr so schnell mit ins Casino zu fahren. Es reizte mich nicht mehr. Auch die Fahrweise von Manfred war mehr als grenzwertig. Ich hasste es, wenn er fuhr wie der Teufel höchstpersönlich.

»Du kannst ruhig etwas langsamer fahren, ich möchte gesund nach Hause kommen«, sagte ich in gereiztem Tonfall.

Als ich zur Haustür hereinkam, begrüßte mich gleich meine Mutter: »Katharina hat angerufen, wo wart ihr denn, doch nicht im Casino?«

Um sie zu beruhigen, sagte ich ihr gleich, dass ich 100 Euro gewonnen hatte. Anschließend ging ich ins Zimmer, um mit Katharina zu telefonieren.

Nach dem ersten Läuten war sie schon dran. »Wo warst du denn den ganzen Abend?«, fragte sie mich sogleich.

Verlegen suchte ich nach einer Ausrede, denn ich konnte ja schlecht sagen, dass Manfred und ich im Casino waren. »Ich war mit Manfred unterwegs, dabei ist es etwas später geworden«, versuchte ich mich herauszureden.

Um weiteren Fragen aus dem Weg zu gehen, lenkte ich das Gespräch auf die Meisterschule. »Es geht jetzt ganz schön rund«, meinte sie, »in einem Vierteljahr ist die Prüfung, das wird noch eine harte Zeit für mich.«

Doch dann kam sie noch einmal auf den Abend zu sprechen: »Ganz glaub ich dir nicht. Wo genau wart ihr zwei denn?«

Wenn mich Katharina jetzt gesehen hätte, dann wäre ihr klar gewesen, dass ich etwas verschwieg. Einerseits wollte ich sie nicht belügen, konnte jedoch auch nicht mit der Wahrheit kommen – zumindest noch nicht. Ich vertröstete sie auf Mittwoch, da wollte ich ihr alles erzählen.

»In Ordnung«, sagte sie. »Aber vergiss es nicht wieder.«

Wir tauschten noch einige zärtliche Worte aus, dann legte sie auf – ohne Abschiedskuss. Das gab mir zu denken. Es blieb mir nichts anderes übrig, als ihr unser Geheimnis zu beichten.

Meine Mutter war richtig sauer auf mich: »Manfred hat dich wieder einmal verführt, ihr wart im Casino.«

Ich erzählte ihr alles, auch dass ich Manfred gedrängt hatte, nach Hause zu fahren, aber er sich von seinem Roulettespiel nicht trennen konnte.

»Also konnte er mal wieder nicht aufhören«, mischte sich mein Vater ein.
Ich nickte.
Meine Eltern schüttelten den Kopf. »Manfred ist schon süchtig«, meinte mein Vater. »Am besten, du hältst dich mal ein bisschen fern von ihm.«
»Wenn das deine Freundin erfährt, was wird sie dazu sagen? Setze nicht alles aufs Spiel«, mahnte meine Mutter.
»Ich kann doch Manfred nicht aus dem Weg gehen, wir sind doch seit unserer Kindheit gute Freunde«, entgegnete ich. »Außerdem, es ist doch nicht schlimm, ab und zu ins Casino zu gehen.«
»Es ist nicht schlimm, aber es macht süchtig«, erwiderte mein Vater.
Auch Manfred hatte sich zu Hause eine Standpauke anhören dürfen, doch letztendlich war es ihm egal gewesen. Aber seine Eltern hatten nicht aufgegeben, sondern immer wieder auf ihn eingeredet, bis Manfred der Kragen geplatzt war. »Dann such ich mir halt eine eigene Wohnung«, hatte er zornig seine Eltern angebrüllt und war mit einem lauten Türeknallen in seinem Zimmer verschwunden.

Am Mittwoch verging die Zeit wieder viel zu langsam vor lauter Sehnsucht. Am Abend holte mich Katharina endlich zu Hause ab. Als die Hupe ertönte, hatte ich es ziemlich eilig. Mutter schüttelte nur mit dem Kopf, war aber auch wieder neugierig, was sich abspielte zwischen Katharina und mir.
Wir umarmten uns, als hätten wir uns schon wochenlang nicht mehr gesehen. Wir fuhren wieder in die Rhön zu der kleinen verträumten Bank mit der tollen Aussicht. Eng umschlungen saßen wir zusammen, waren zufrieden und glücklich. Sie streichelte mich und sanft fragte sie, wo ich denn am Montagabend gewesen wäre.
Da ich es versprochen hatte und ich dazu nichts Unrechtes getan hatte, fing ich an zu erzählen: »Wir waren in Bad Homburg im Casino, um unser Glück zu versuchen. Dort sind wir

öfter hingefahren, bevor wir dich und Andrea kennengelernt haben.«

Katharina war im ersten Moment völlig überrascht und wusste darauf nichts zu sagen. Nach einer kurzen Zeit fand sie ihre Sprache wieder. »Was habt ihr gemacht?«, fragte sie erstaunt.

»Wir waren im Casino und haben Roulette gespielt«, wiederholte ich meine Aussage.

»Kann man da auch gewinnen?«, fragte sie neugierig.

»Natürlich kann man auch gewinnen, man muss nur die richtige Zahl setzen. Ich habe am Montagabend nur 100 Euro gewonnen, dagegen hat Manfred 300 Euro verloren.«

»Ihr seid ja richtige Zocker! Was habe ich mir da angelacht?«, sagte sie, aber ein verschmitztes Lächeln zeigte mir, dass sie nicht sauer war.

Katharina wurde immer neugieriger und wollte jetzt alles ganz genau wissen, inklusive der Roulette-Spielregeln. Ihr Interesse für das Spiel war geweckt. Sie machte den Vorschlag, einmal gemeinsam ins Casino zu fahren. »Das können wir machen, Manfred wird nichts dagegen haben, aber Andrea?«, gab ich zu Bedenken.

»Wenn nicht, fahren wir auch alleine.«

Ich war sehr überrascht von Katharina. Sie nahm das alles so locker auf. Dabei hatte ich mir den ganzen Tag Sorgen gemacht, wie das Gespräch wohl verlaufen würde.

Manfred musste ich nicht zweimal fragen, er war immer ganz wild auf Roulette.

»Ich werde mit Manfred sprechen, und du mit Andrea«, sagte ich zum Abschied, als wir wieder vor meiner Haustür standen, gab ihr einen Kuss und stieg aus dem Auto.

*

Manfred fuhr während der Woche immer wieder alleine ins Casino. Er spielte lieber Roulette, als sich mit Andrea zu treffen. Während der Fahrt machte er sich selbst Mut, und nahm sich vor, nicht mehr so überhastet zu spielen, ein kleiner Gewinn wäre auch genug. Schließlich hatte er in den letzten Wochen 3.300 Euro verloren.

Mal gewann er einen kleineren Betrag, dann verlor er diesen wieder. Eines Abends, er hatte seinen ganzen Einsatz verspielt, setzte er beim Rausgehen 20 Euro auf eine Zahl – und gewann 700 Euro. Nach Auszahlung seines Gewinns stieg seine Laune. Während der Heimfahrt kam ihm in den Sinn, dass er noch Andrea anrufen musste. Also hielt er an dem nächsten Parkplatz an und wählte ihre Nummer. Andrea war nach dem ersten Klingeln am Telefon. Sie freute sich über seinen Anruf und teilte ihm mit, dass sie sich für Freitag mit Katharina und Jürgen in der Disco verabredet hätte. »Wenn es dir recht ist«, fügte sie hinzu.

Manfred war es recht.

»Na, wieder im Casino gewesen?«, empfing ihn zu Hause seine Mutter in barschem Tonfall. »Mach nur weiter so, du bist ja schon richtig süchtig.«

Manfred sagte darauf nichts und verschwand in seinem Zimmer, seine gute Laune war wieder dahin.

Am Freitagabend trafen wir uns vor der Disco. Wir tanzten den ganzen Abend zusammen und die Stimmung war prima. Katharina und Andrea verschwanden einmal kurz auf der Toilette. Die Gelegenheit nutzte ich und erzählte Manfred davon, dass Katharina gerne mal mit uns ins Casino fahren würde. »Sie weiß davon?«, fragte Manfred ungläubig. »Wolltest du das nicht für dich behalten?«

»Ja sicher«, antwortete ich ihm, »aber ich wusste nicht mehr, was ich ihr erzählen sollte, als sie fragte, wo ich war. Ich möchte sie einfach nicht anlügen.«
»Wie hat sie denn reagiert?«
»Sehr gut«, antwortete ich. »Sie war sogar äußerst interessiert.«
»Meinst du, Andrea würde genauso gut darauf reagieren? Dann frage ich sie gleich mal. Dann könnten wir ja alle vier mal zusammen ins Casino fahren. Was meinst du?«
»Lass das lieber Katharina machen«, gab ich Manfred den Rat.

Plötzlich sahen wir Katharina und Andrea, die unseren Tisch ansteuerten. Unser Gespräch verstummte abrupt. »Na, ihr habt wohl große Geheimnisse vor uns, wenn eure Unterhaltung so plötzlich endet, wenn wir um die Ecke kommen?«, sagte Andrea.

Erwischt! Darauf wussten wir nichts zu sagen.

Als Katharina mich nach Hause fuhr, erklärte ich ihr unser Dilemma. »Wie sollten wir Andrea das mit dem Casino nur beibringen? Meinst du, sie nimmt es so locker auf wie du?«

»Mach dir keine Gedanken, das mach ich schon«, beruhigte mich Katharina.

Bei einem Stadtbummel mit ihrer Freundin hatte Katharina vorsichtig das Thema »Casino« angesprochen. Andrea war genauso überrascht gewesen wie Katharina, als sie von der Spielleidenschaft hörte. Im ersten Moment hatte sie nur mit dem Kopf geschüttelt. »Jetzt weiß ich endlich, warum Manfred manchmal schlechte Laune hat. Wir müssen auch noch auf solche Jungs hereinfallen«, hatte Andrea ihrer Freundin gesagt.

»Es ist ja auch nicht böse gemeint«, hatte Katharina versucht zu beschwichtigen. »Was hältst du davon, mal mit den beiden ins Casino zu fahren? Wir wollten doch immer schon einmal in ein Casino.«

»Das können wir gerne mal machen«, hatte Andrea geantwortet. »Bei mir hast du die Neugier jetzt auch geweckt.«

Manfred war gleich am Anfang der Woche wieder ins Casino gefahren, mit ein bisschen Glück hatte er 300 Euro gewonnen. Diesmal hatte er Schluss machen und mit dem Gewinn nach Hause fahren können. Auf der Heimfahrt war er stolz auf sich gewesen, dass sein Vorsatz, bei einem kleinen Gewinn aufzuhören, geklappt hatte. Er hatte sich vorgenommen, mich nicht mehr zu fragen, ob ich mitkäme, denn er schaffte es auch alleine, rechtzeitig aufzuhören. Das dachte er zumindest. Seine Eltern schwiegen, für sie hatte es keinen Sinn mehr, sich mit ihm wegen Roulette auseinanderzusetzen. Mit ihm zusammen zur Suchtberatung zu gehen, hatten sie ebenfalls aufgegeben. Nie würde Manfred freiwillig mitgehen, dazu müsste er erst einmal einsehen, dass er spielsüchtig war.

Während ich mich mit Katharina traf, war Manfred wieder ins Casino gefahren. Auch an diesem Abend hatte er fast 1.000 Euro gewonnen. Er hatte diesmal besonnener gespielt, nicht mehr wie ein Hasardeur. Sein Vorsatz, nicht mehr bis zum Äußersten zu gehen, schien sich im wahrsten Sinne auszubezahlen.

Am Samstagabend wollten wir alle gemeinsam ins Casino fahren. Katharina kam schon zwei Stunden früher zu mir, weil meine Eltern sie unbedingt kennenlernen wollten. Es klingelte an der Tür und ich beeilte mich, sie zu öffnen. Vor mir stand Katharina. Meine Augen quollen fast über. Sie hatte sich für den Abend herausgeputzt. Ich nahm sie erst einmal in den Arm und gab ihr einen Kuss. Am liebsten hätte ich sie nie wieder losgelassen. »Komm doch rein«, sagte ich zu ihr, und führte sie durch die Diele ins Wohnzimmer, um sie meinen Eltern vorzustellen. Dabei überreichte sie zwei kleine Aufmerksamkeiten.

Meine Mutter war begeistert von Katharina und auch mein Vater freute sich, endlich meine Freundin kennenzulernen.

Katharina hatte es geschafft, meine Eltern im Sturm zu erobern, und ihre innere Anspannung legte sich langsam. Nach einer Weile nahm ich Katharina bei der Hand und führte sie in mein Zimmer. Endlich alleine, fielen wir uns um den Hals. »Wie soll ich mich eigentlich im Casino verhalten?«, fragte sie mich.

»Es ist alles halb so schlimm«, beruhigte ich sie, »für den Anfang ist es besser, du bleibst an meiner Seite. Nur eines musst du: genug Geld mitnehmen. Ich werde dir schon zeigen, wie du es am schnellsten loswerden kannst.« Ich grinste sie an und verbesserte mich: »Du kannst natürlich auch gewinnen.«

Wir lachten.

Mittlerweile hatte meine Mutter den Tisch fürs Abendessen gedeckt und rief uns in die Küche. Angeregt unterhielten wir uns, besonders meine Mutter stellte jede Menge Fragen an meine Freundin.

Es dauerte nicht lange, da klingelte es an der Haustüre. Manfred und Andrea waren schon da und wollten uns abholen. Katharina bedankte sich bei meinen Eltern, dass sie so herzlich aufgenommen worden war. Meine Mutter hielt beim Verabschieden ihre Hand ganz fest und sagte dabei: »Besuch uns bald wieder, ja?«

»Natürlich komm ich jetzt öfters.«

»Passt auf, verspielt nicht euer ganzes Geld«, riefen meine Eltern uns nach.

»Wir wollen gewinnen, nicht verlieren«, antworteten wir unisono.

Katharina und Andrea waren aufgeregt, schließlich war es ihr erster Abend in einem Casino. Sie wussten nicht, was genau auf sie zukommen würde, obwohl Manfred schon recht viel von seinen Besuchen erzählt hatte – dass er einmal 50.000 Euro gewonnen hatte, erwähnte er jedoch mit keinem Wort.

Nach eineinhalb Stunden Fahrt standen wir endlich vor dem Casino. Katharina hielt meine Hand ganz fest. Wir betraten den Eingangsbereich. Nach Vorlage eines gültigen Personalausweises durfte jeder von uns den Spielsaal betreten. Es herrschte eine angespannte Ruhe, nur das Rollen der Kugeln war zu hören. Andrea und Katharina bestaunten die Einrichtung. Der ganze Spielsaal war mit rotem Teppich ausgelegt. Die Lampen über den Spieltischen funkelten im Schein der Leuchter. Der rote Samt der Stühle lud zum Verweilen ein. Die Roulettetische, auf denen die Jetons platziert wurden, waren mit grünem Tuch bespannt. Der Spielsaal an sich war abgedunkelt, nur direkt über den Spieltischen war es hell erleuchtet. Wir stiegen ein paar Stufen hinab und begaben uns zum Schalter, um Jetons zu tauschen. Andrea blieb dicht hinter Manfred. Dieser steuerte schon einen Spieltisch an und setzte eifrig Jetons auf mehrere Zahlen. Dabei war der Einsatz immer 100 Euro.

Die beiden waren so vertieft – Manfred in sein Spiel und Andrea in Manfreds Spielweise –, dass sie gar nicht merkten, wie ich mit Katharina erst einmal durchs Casino ging, um ihr alles zu zeigen. An einem Roulettetisch blieb Katharina stehen, weil gerade ein Platz an der Stirnseite direkt neben dem Croupier frei geworden war. Sie setzte sich, um das Spiel besser zu beobachten. Ich versuchte mein Glück auf Rot oder Schwarz. Innerhalb einer halben Stunde hatte ich meine zehn Jetons, die ich zuvor gewechselt hatte, verloren. Dabei wollte ich Katharina zeigen, wie man Roulette spielte und auch etwas gewann. Leider klappte an diesem Abend gar nichts. Um meine Enttäuschung gegenüber meiner Freundin zu verbergen, sagte ich: »Ich komme gleich wieder.«

Bevor sie fragen konnte, wo ich hinging, war ich schon verschwunden. Ich hatte es eilig, denn das Mineralwasser, das ich vorhin zu Hause getrunken hatte, drückte doch erheblich. Katharina schaute mir verzweifelt nach, was der Croupier neben ihr mitbekommen hatte. Sie saß richtig verloren da, es war ja auch gemein von mir, sie alleine zu lassen. Der Croupier versuchte, Katharina zu trösten: »Ihr Freund wird schon wiederkommen, das Casino verliert keinen.« Dabei lächelte er.

Nachdem sich Katharina etwas beruhigt hat, kämpfte sie mit sich, einen 10-Euro-Schein auf Rot zu legen, aber noch traute sie sich nicht, weil jedes Mal, wenn sie setzen wollte, Schwarz kam.

Als beim nächsten Spiel die Kugel schon im Kessel rollte und das Spiel vom Croupier mit dem Satz: »Rien ne va plus, nichts geht mehr«, beendet wurde, griff Katharina noch schnell in ihre Geldbörse, nahm einen Schein und setzte ihn auf Rot. Statt eines 10-Euro-Scheines hatte sie ein 20-Euro-Schein gegriffen. Sie wollte ihren Fehler noch korrigieren, als der Croupier seinen Rechen sofort auf den Schein legte und sagte: »Schein spielt Rot.«

Fast zur gleichen Zeit fiel die Kugel in die rote 32, direkt neben der 0. Der Croupier zahlte den Gewinn in Jetons aus und legte sie an die Stelle, auf die Katharina zuvor den Schein gelegt hatte. Doch sie traute sich nicht, ihre gewonnenen Jetons vom Tisch zu nehmen, also ließ sie sie auf Rot liegen. Die Kugel rollte wieder und landete auf einer roten Zahl. Wieder hatte sie gewonnen und der Croupier legte die gewonnenen Jetons auf die zuvor gestapelten Jetons. Noch immer fehlte ihr der Mut, sich ihre Jetons zu nehmen. Wieder rollte die Kugel und fiel auf Rot. Katharina bekam feuchte Hände, ließ jedoch abermals alles dort liegen, wo es war. Ein viertes Mal wurde die Kugel im Kessel gedreht und landete schon wieder auf Rot. Der Croupier neben ihr sagte: »Der Gewinn gehört Ihnen, nehmen Sie ihn, sonst ist er verloren, wenn Schwarz kommt.«

Katharina schaute den Croupier unsicher und fragend an. Hilfsbereit, wie Croupiers sind, nahm er seinen Rechen und schob ihr den ganzen Stapel Jetons zu. Katharina bekam einen feuerroten Kopf und steckte, ohne nachzuzählen, die Jetons in ihre Tasche. Als ich wieder zurück war, zeigte sie mir, was sie in der Zeit gewonnen hatte. Dabei öffnete sie ihre Tasche. Die ganzen Jetons lagen zwischen ihren Utensilien, sie wusste aber nicht, wie viele es waren. Am Spieltisch versuchte sie, ihre ganzen Jetons aus der Tasche zu holen, dabei wurde Katharina immer verlegener. Es stellte sich heraus, dass sie aus 20 Euro 320 Euro gemacht hatte. Auch der Croupier musste noch seinen Kommentar abgeben und meinte zu mir: »So spielt man Roulette!«

Am liebsten hätte Katharina noch weitergespielt, sie war Feuer und Flamme, aber ich hielt sie davon ab und sagte: »Lass uns erst etwas trinken gehen.«

Sie nickte und ging mit mir zusammen Hand in Hand zur Bar.

Manfred spielte wieder wie eh und je, dabei hatte er wohl ganz schön gewonnen, wie uns Andrea erzählte, als wir zu ihnen an den Tisch kamen. Manfred hatte mit 10 Euro auf Zahlen angefangen, und nun versuchte er es mit 20 Euro. Katharina und ich beobachteten einige Zeit Manfreds Spiel Dabei wurde Katharina immer blasser und unruhiger, so etwas hatte sie noch nicht erlebt, wie hier mit Geld gespielt wurde. Sie zählte die Jetons, die Manfred setzte. Pro Spiel waren es etwa 200 Euro. Ihr verschlug es immer mehr den Atem, als sie sah, dass Manfred hintereinander viermal mit 20 Euro auf eine Zahl gewonnen hatte. Zu mir sagte sie: »Das sind ja 2.800 Euro, dafür muss ich ja fast zwei Monate arbeiten, um das zu verdienen.«

»Ja, es geht schnell, wenn man Glück hat«, antwortete ich ihr, »genauso schnell kannst du aber verlieren, wenn du Pech hast, mein Schatz.«

Wenn Manfred der Spielteufel gepackt hatte, gab es kein Zurück mehr. Katharina konnte sich dabei nicht sattsehen, es war für sie spannend und faszinierend zugleich. »Wollen wir ins Restaurant gehen?«, fragte ich sie. Ich wollte keinesfalls neben Manfred stehen bleiben, wenn er so spielte, wie er es gerade tat. Das wollte und konnte ich mir nicht ruhigen Gewissens länger ansehen. Ich wusste, wohin das ganz schnell führen konnte, und ich wusste auch, dass Manfred sich nicht davon abbringen ließ.

»Ja«, meinte Katharina. »Sehr gerne.«

Am liebsten wäre sie noch eine Weile neben Manfred stehen geblieben und hätte ihm beim Setzen und Spielen beobachtet, das sah ich ihr an.

»Also so hätte ich mir das Ganze nicht vorgestellt«, sagte Katharina, als wir im Restaurant saßen und einen kleinen Toast aßen. Sie erzählte mir – zum wiederholten Male – ganz genau, was sich am Roulettetisch abgespielt hatte, als sie dort alleine saß. »Das Personal ist ja richtig freundlich, so bin ich noch nie behandelt worden. Du weißt ja, auf den Baustellen geht es dagegen richtig rustikal zu.«

»Die nehmen auch ganz freundlich dein Geld, wenn du verloren hast, und verziehen keine Miene«, erwiderte ich. »Dann kommt höchstens ein mitleidiges Achselzucken. Egal, was du machst, sie wollen nur eins: dein Geld. Das wirst du noch feststellen.«

Auch Andrea war total aufgedreht. Sie kam zu uns an den Tisch, bestellte sich etwas zu trinken, hielt es jedoch nicht lange aus und war kurze Zeit später schon wieder bei Manfred. Der gab ihr einen 100-Euro-Jeton mit den Worten: »Spiel doch auch einmal, damit du weißt, wie das ist.«

Andrea spielte nicht. Vorerst jedenfalls. Je länger sie den Jeton in der Hand hielt, desto unruhiger wurde sie. Was, wenn sie auch solch ein Glück hätte wie Katharina?

Aber sie hatte kein Glück. Mal verlor sie drei Spiele, dann wieder gewann sie zwei Spiele, aber sie kam nicht zu einem Gewinn. Nun bereute Andrea, dass sie sich hatte hinreißen lassen zu spielen. Ihre innerliche Unruhe machte Andrea leichtsinnig. Jetzt kam es auch nicht mehr darauf an, ob sie alles verlor oder nicht. Mit den übrigen 10er-Jetons spielte sie immer auf sechs Zahlen. Dazu platzierte sie den Jeton auf dem Rand einer Zahl, sodass er immer sechs Zahlen abdeckte. Zwar verkleinerte sich dadurch der Einsatz auf ein Sechstel, aber ihre Chancen waren somit höher. Sollte eine dieser Zahlen kommen, würde ein Sechstel des Gewinns ausgezahlt werden. In ihrem Fall wären das etwa 50 Euro plus den Einsatz.

Andrea setzte 10 Euro auf die Zahlen 25 bis 30. Der Croupier blickte in die Runde, ließ die Kugel im Kessel frei und sagte: »Rien ne va plus – nichts geht mehr.« Die Kugel rollte und rollte, dann fiel sie in die 36, wurde von ihrem eigenen Schwung wieder herausgeschleudert, landete in der 21 und hopste anschließend ein paar Zahlen weiter. Andrea traute ihren Augen kaum. Die Kugel war in der 27 liegen geblieben. Sie hatte gewonnen. Nach der Auszahlung vergaß sie, die 10 Euro Einsatz vom Tisch zu nehmen. Das nächste Spiel lief schon. Es kam die 29 und ihr wurden noch einmal 50 Euro ausgezahlt. Sie nahm die gewonnenen Jetons an sich und den Einsatz. Nun hatte sie auch eine bescheidene Summe von 110 Euro gewonnen.

Mittlerweile war es bereits 23 Uhr geworden, aber keiner von uns wollte schon nach Hause. Wieder einmal hatte Manfred eine Pechsträhne, ein kleiner Gewinn blieb ihm aber noch. Großzügig war Katharina, als es ans Bezahlen ging. Sie übernahm die Rechnung. Wir schlenderten durch das Casino und schauten den Gästen beim Spielen zu. An einem Tisch blieben wir wie gebannt stehen, ein Gast spielte mit hohen Jetons. Fast jede Zahl wurde gesetzt. Er gewann bei solchen Einsätzen manchmal eine beträchtliche Summe zwischen 50.000 und 60.000 Euro. Sein Einsatz war, als ich einmal nachzählte, recht hoch gewesen, so zwischen 8.000 und 10.000 Euro pro Spiel. Bei so einem Einsatz wird ein großer Gewinn jedoch auch schnell wieder aufgebraucht. Vom Zuschauen wurde Katharina müde und meinte: »Was hältst du davon, nach Hause zu fahren?«

Ich war damit einverstanden, doch ob wir Manfred schon von seinem Roulettetisch losbekämen, das wagte ich zu bezweifeln. »Mal sehen, was die anderen zwei machen«, sagte ich, nahm Katharina an der Hand und lief in Richtung des Tisches, an dem Manfred vorhin gesessen hatte.

Da saß er noch immer. Sein Gesicht war ganz rot und sein Blick konzentriert und starr auf den Tisch gerichtet. Er machte seine Einsätze, Andrea stand neben ihm und schaute gebannt zu. Wie ich auf einen Blick sehen konnte, hatte er sich wieder leicht von seiner Verlustzone erholt. Ich tippte ihn an die Schulter und er blickte mich fragend an. »Wie sieht es aus?«, fragte ich ihn.

Manfred machte erst einmal Kassensturz und stellte fest, dass er 2.750 Euro gewonnen hatte. »Ich gebe zum Abschluss einen aus«, sagte er, als er uns ansah. Trotz Müdigkeit machten wir es uns noch einmal an der Bar gemütlich. Alle außer mir waren mit dem heutigen Abend zufrieden, jeder hatte eine Kleinigkeit gewonnen. Katharina tröstete mich und meinte: »Irgendwann gewinnst du auch wieder.«

Ja sicher, irgendwann würde ich wieder gewinnen, vorausgesetzt ich würde spielen. Doch die Gefahr, so richtig zu verlieren, war viel größer, als einen bescheidenen Gewinn einzufahren. Ich spielte lieber mit kleinen Einsätzen, setzte auf relativ sichere Chancen und konnte auch bei einem mir vorher festgesetzten Limit aufhören – im Gegensatz zu Manfred.

Schon im Alter von 18 Jahren wollte Manfred ins Casino gehen, wurde dort aber abgewiesen, weil der Einlass erst ab 21 Jahren war. Vielleicht hatte er gehofft, doch eingelassen zu werden, denn dass es dort eine Altersbeschränkung gab, das hatte er wissen müssen, so wie er sich vorher über das Roulette informiert hatte. Gezwungenermaßen musste er noch ein paar Jahre warten. Genau an seinem 21. Geburtstag ging er das erste Mal alleine ins Casino. Er konnte es kaum abwarten, so reizten ihn das Spielcasino und die Chance auf das große Geld. Am Anfang spielte er vorsichtig, setzte nur auf einfache Chancen, also auf Rot oder Schwarz, und hatte sogar Glück. Gleich am ersten Abend ging er mit 500 Euro nach Hause und war mächtig stolz auf sich. Das war eine Menge Geld für ihn, für das er lange hätte arbeiten müssen. Er beschloss, öfter ins Casino zu gehen und überredete mich, schwärmte von dem Ambiente und dem vielen Geld, das dort zu holen wäre, wenn man richtig spielte. Ich ließ mich breitschlagen und fuhr zusammen mit ihm immer mal ins Casino. Aus den Gelegenheitsbesuchen wurden regelmäßige. Es verging keine Woche, in der wir nicht ins Spielcasino fuhren. Mal verloren wir, aber wir gewannen auch.

Nachdem wir ausgetrunken hatten, machten wir uns auf den Heimweg. Manfred gab Andrea die Schlüssel mit der Ermahnung, nicht so schnell zu fahren. Auf der Heimfahrt überkam uns die Müdigkeit. Es war ziemlich still im Auto, jeder hing seinen Gedanken nach und nur das Radio spielte beruhigende Musik. Katharina hielt meine Hand, die auf ihrem Bein lag, legte ihren Kopf auf meine Schulter und schlief dabei ein. Zwischendurch glitt meine Hand über ihre Haare. Sie erwiderte meine Zuneigung, indem sie meine Hand streichelte.

Vor meiner Haustür, es war inzwischen kurz vor vier Uhr geworden, fiel die Verabschiedung recht kurz aus. Wir beide waren hundemüde und wollten nur noch schlafen. »Irgendwann fahren wir wieder einmal ins Casino«, sagte Katharina.

Ich gab ihr einen kurzen Kuss, lächelte sie an und ging ins Haus.

An einem Sonntag, das Wetter war herrlich, holte mich Katharina um halb zwölf von zu Hause ab. Ich war total nervös und aufgeregt. Sie lächelte mir aufmunternd zu: »Du siehst aus, als würde ich dich zu einem Zahnarzttermin abholen.«

»Ja, ja, du hast gut lachen. Ich bin halt total nervös. Es ist schließlich das erste Mal, dass ich bei deinen Eltern zum Essen eingeladen worden bin. Was ist, wenn sie mich nicht mögen?«

Ich war wirklich total neben der Spur. In so einer Situation war ich noch nie gewesen. Was wäre, wenn mich Katharinas Eltern nicht mochten? Würde sie dann unsere Beziehung noch einmal überdenken? Ich liebte Katharina über alles. Sie war meine große Liebe, bedeutete mir einfach alles. Vielleicht war ich deshalb so aufgeregt.

»Du brauchst dir keine Gedanken zu machen«, versprach mir Katharina. »Meine Eltern sind echt nett. Du wirst sehen.« Sie lachte.

Nach einer gefühlten Ewigkeit fuhr sie in den Hof ihrer Eltern und parkte ihr Auto direkt neben dem Haus. Meine Nervosität erreichte ihren Höhepunkt. Ich schnappte mir das kleine Geschenk und stieg aus. Zusammen liefen wir zur Haustür. Kaum hatten wir die Eingangstreppe betreten, schon öffnete sich die Tür und Katharinas Mutter stand vor mir. »Du musst Jürgen sein«, begrüßte sie mich und reichte mir ihre Hand. »Komm doch rein.«

Ich war überrascht. Einen so herzlichen Empfang hatte ich nicht erwartet. Meine Gedanken, die mich den ganzen Morgen geplagt hatten, waren auf einmal verflogen. Das Essen verlief prima. Es stellte sich heraus, dass auch Katharinas Vater Bernhard sehr nett war. Nachdem wir alle satt waren, wollte er wissen, in welcher Firma ich arbeitete und ob ich dort auch gelernt hätte. Ich beantwortete alle Fragen. Nach einer Weile nahm mich Katharina bei der Hand und meinte: »Komm, ich zeig dir mal meine Wohnung.«

Ich schaute etwas hilflos zu Katharinas Eltern, worauf ihr Vater sagte: »Geht nur.«

In ihrer kleinen Wohnung, die sich im gleichen Haus befand, hatte sich Katharina recht gemütlich eingerichtet. Mit einer Flasche Prosecco machten wir es uns auf dem Sofa gemütlich. Es dauerte nicht lange, schon lagen wir uns wieder in den Armen. Je länger wir zusammen waren, umso leichter wurde es uns beiden. Ich wurde immer mutiger, so glitt meine Hand auch unter ihre Bluse. Katharina wehrte sich nicht, im Gegenteil, sie genoss es. Dabei sagte sie: »Ich will mal die Wohnung abschließen, es braucht ja keiner dazuzukommen.«

Katharina legte eine CD mit leiser Musik auf. Irgendwann war es so weit, ich konnte mich nicht mehr zurückhalten, aber sie ließ es sich gefallen. »Ich habe aber nichts zur Verhütung dabei«, gestand ich, worauf Katharina lächelte: »Schatz, ich nehme doch schon seit einer geraumen Zeit die Pille. Ich war

mir ganz sicher, dass es eines Tages so weit kommen würde. Ich will es doch auch.«
Ich lächelte sie an, zog sie zu mir und küsste sie zärtlich. Anschließend lagen wir zufrieden nebeneinander. Sie kuschelte sich an mich und ich streichelte sanft ihre Haare. Ich war so glücklich. »Was hältst du davon, wenn wir uns verloben?«

Im ersten Moment war Katharina überrascht und konnte gar nicht darauf antworten. Ich hatte schon Bedenken, dass ich da etwas voreilig gehandelt hatte. Aber ich wollte sie. Ich wollte sie ganz. Und warum nicht? Wir passten perfekt zusammen, hatten sogar den gleichen Beruf. Ich liebte sie so sehr, wie ich noch kein Mädchen zuvor geliebt hatte.

Vor Glück fing Katharina an zu weinen und hauchte ein leises »Ja« in mein Ohr.

Ich wischte ihre Tränen ab und hielt sie ganz fest in meinen Armen. Umschlungen lagen wir im Bett, bis wir gestört wurden. Ihre Mutter rief uns zum Kaffee. Verdattert schaute Katharina auf die Uhr. »Was? So spät ist es schon?« Mit einem Sprung war sie aus dem Bett und rannte ins Bad, um sich frisch zu machen.

Ich folgte ihrem Beispiel, zog meine Kleider wieder an, die verstreut auf dem Boden lagen. Als wir am gedeckten Kaffeetisch saßen, wurden wir betrachtet, als könnte man uns ansehen, was wir gerade gemacht hatten. Katharina hatte leuchtende Augen, saß dicht neben mir und fragte mich leise: »Soll ich erzählen, was wir beschlossen haben?«

Dabei bekam ich einen roten Kopf und nickte nur. Durch das Herumdrucksen wurden ihre Eltern erst richtig neugierig. Katharina ging zu ihren Eltern und umarmte sie: »Wir haben beschlossen, uns zu verloben.« Dabei drückte sie ihre Eltern ganz fest an sich. Im ersten Moment waren auch die sprachlos, während wir gespannt auf ihre Reaktion warteten.

Katharinas Vater fand nach dieser Überraschung als Erster seine Sprache wieder. Er räusperte sich und fragte uns: »Meint ihr das auch ernst? Und das ist nicht aus einer Laune heraus?«

»Am liebsten hätte ich Katharina schon nach 14 Tage gefragt«, schoss es aus mir heraus. »Aber ich glaube, dass sie mich für verrückt erklärt hätte.« Dabei sah ich Katharina von der Seite an, doch sie streichelte weiter meine Hand. Wir waren uns ganz sicher.

Auch Katharinas Mutter hatte sich von der Neuigkeit erholt und fragte: »Wann soll denn die Verlobungsfeier sein?«

»Wir haben noch keinen Termin«, kam es von uns beiden wie aus einem Mund.

»Das wollten wir mit euch und Jürgens Eltern besprechen«, erklärte Katharina. »Unsere Verlobung soll so gefeiert werden, wie es früher war, nicht, dass wir in Urlaub fahren, nach Hause kommen und sagen: ›Wir haben uns verlobt!‹ Es soll ein schönes Fest werden, weil es ja doch nur einmal im Leben sein sollte«, meinte Katharina. »Erst werde ich die Meisterprüfung bestehen, dann wird Verlobung gefeiert«, fügte sie noch an.

»Das ist sehr vernünftig«, lobte ihr Vater uns.

Wir hatten also den Segen von Katharinas Eltern. Das war mir schon einmal sehr wichtig. Jetzt musste ich die Neuigkeit nur noch meinen Eltern erzählen.

*

Manfred fuhr wieder sehr viel alleine ins Casino. Mich brauchte er ja nicht mehr zu fragen, ich verbrachte meine gesamte Freizeit mit Katharina. Vielleicht war es ihm auch ganz recht, denn so konnte er nach Lust und Laune setzen, ohne ausgebremst zu werden. Er spielte immer riskanter. Dadurch wurden die Gewinnchancen zwar geringer, doch wenn er gewann, dann richtig. Wenn ich spielte, setzte ich immer auf einfache Chancen. Entweder auf Rot oder Schwarz, manchmal auf Ungerade oder Gerade, Hoch oder Niedrig. Das hatte den Nachteil, dass im Falle eines Gewinns relativ wenig für mich heraussprang, doch ich verlor so auch nicht so viel und konnte rechtzeitig die Notbremse ziehen. Immerhin betrug hier die Gewinnchance 48,6 Prozent. Natürlich konnte an einem Abend auch 75 Mal die Rot fallen und nur 25 Mal die Schwarz. Auf hundert Abende jedoch gesehen würde es sich jedoch regulieren. Mir war das klar, doch ich war ja auch nicht spielsüchtig. Manfred konnte einfach nicht aufhören zu spielen. Er hoffte immer auf einen fetten Gewinn. So verbrachte er die Abende allein, ohne Andrea, vor dem Roulettekessel und fand kein Ende.

An manchen Abenden verlor er satte 5.000 Euro. An anderen heimste er wieder einen Gewinn ein. Seine Eltern merkten stets, wenn Manfred im Casino verloren hatte. Seine schlechte Laune und seine aufbrausende Art verrieten ihn immer wieder. Doch von seinen Eltern ließ er sich nichts mehr sagen. Als seine Mutter irgendwann einmal die Spielberatung erwähnte, stürmte Manfred wutschnaubend aus dem Haus. Erst Stunden später war er wieder nach Hause gekommen, hatte sich in sein Zimmer begeben und war vor dem nächsten Morgen dort nicht wieder herausgekommen.

Ab und zu fuhren Katharina und ich zusammen mit Manfred ins Casino. Während Manfred an *seinem* Roulettetisch saß, verbrachten wir die Zeit an der Bar oder spielten an einem anderen Tisch, an dem weniger Einsatz gefordert wurde. Katharina hatte richtig Spaß dabei. Bald musste sie jedoch feststellen, dass das Glück nicht immer auf ihrer Seite stand. Wir verloren und gewannen, allerdings hielten sich Gewinn und Verlust die Waage. Ich bewunderte Katharina immer wieder für ihre Ruhe, es kam keine Hektik auf, wenn sie am Verlieren war. Selbst bei einem größeren Betrag, der am Anfang verloren ging, bewahrte sie die Ruhe. Meistens gelang es ihr sogar, ihren Verlust wieder auszugleichen, plus einen kleinen Gewinn.

Die Meisterprüfung rückte immer näher. Selbst am Wochenende musste ich Katharina jetzt abhören, sie wollte eine perfekte Prüfung ablegen, dafür musste sie auch einiges tun. Sie war nur noch am Lernen, ging nicht mehr aus. Ich unterstützte sie, wo ich konnte. Selbst ihre Eltern mussten uns dazu überreden, wieder einmal auszugehen, um auf andere Gedanken zu kommen. Nur widerwillig trennte sich Katharina von ihren Büchern. Doch der gemeinsame Abend tat uns beiden gut. Wir gingen in ein italienisches Restaurant und bestellten uns Antipasti als Vorspeise und die selbst gemachten Cannelloni mit der herrlichen Ricotta-Fleischfüllung, für die das Restaurant bekannt war. Hand in Hand schlenderten wir anschließend durch die Stadt und setzten uns in der Fußgängerzone auf eine Bank. Ein Brunnen plätscherte direkt neben uns in sein steinernes Becken, während wir uns verliebt küssten.

Katharina und ich hatten beschlossen, uns Silvester zu verloben. Meine Eltern waren selig gewesen, als wir es ihnen erzählt hatten. Meine Mutter hatte Tränen in den Augen gehabt und Katharina in den Arm genommen. »Du weißt gar nicht, wie glücklich du mich machst«, hatte sie Katharina leise zugeflüstert. Auch mein Vater hatte sich sichtlich gefreut.

Acht Tage vor der Prüfung nahm Katharina Urlaub, in diesen Tagen musste ich ihr immer wieder Prüfungsfragen stellen. Am Samstag vor der Prüfungswoche wollte Katharina sich im Casino unbedingt ablenken. Ich konnte meinen Schatz davon abhalten und machte den Vorschlag, wieder einmal Tanzen zu gehen. »Nach der Prüfung machen wir uns einen schönen Abend im Casino. Versprochen. Manfred und Andrea fahren bestimmt auch mit.«

Manfred hatte sich auf Drängen seiner Mutter wieder mit Andrea verabredet. Was seine Mutter jedoch nicht wusste, war, dass Andrea gerne mit ins Casino fuhr. Eigentlich hatte sie gehofft, dass Andrea ihren Sohn positiv beeinflussen würde und er somit das Casino vergaß. Zumindest für eine Weile.

Der Tag der Meisterprüfung war gekommen. Katharina würde die Prüfungswoche in Kassel verbringen. Früh am Morgen fuhr sie los und bezog ein Hotelzimmer, das ihr Vater vorher für sie gebucht hatte. Der erste Prüfungstag verlief ganz gut. Wie sie mir abends am Telefon berichtete, hatte sie alle Fragen beantworten können. Allerdings sei ganz schön viel verlangt worden. »Das ist ja auch eine *Meister*prüfung«, lachte ich. »Aber du schaffst das schon. Da bin ich mir ganz sicher.«

Nach der Woche trat die Prüfungskommission zusammen. Die Prüflinge wurden gegen 17 Uhr hereingerufen, damit das Ergebnis bekannt gegeben werden konnte. Als Katharina als Erste aufgerufen wurde, erschrak sie fürchterlich. Ihr erster Gedanke war, dass sie die Prüfung wohl nicht bestanden hatte. Mit mulmigem Gefühl im Bauch lief sie nach vorne. Der Vorsitzende der Prüfungskommission, Herr Klein, lächelte sie an und gratulierte ihr: »Herzlichen Glückwunsch, Sie haben die Meisterprüfung in allen Fächern mit ›sehr gut‹ abgeschlossen und sind somit Prüfungsbeste.«

Katharina bekam einen hochroten Kopf und nahm das Meisterprüfungszeugnis mit strahlenden Augen entgegen. All das Lernen hatte sich gelohnt.

Ihre Eltern waren vor Freude außer sich, konnten sich nicht beruhigen. Auch ich war erleichtert über den Erfolg meiner Freundin. »Jetzt können wir uns auf unsere Verlobung richtig freuen, mein Schatz!«, sagte ich ihr.

»Das glaubst du aber«, stimmte Katharina zu.

*

Eine Woche nach der Prüfung wollte ich mein Versprechen einlösen. »Wenn du willst«, machte ich Katharina den Vorschlag, »fahren wir ins Casino heute Abend. Soll ich Manfred und Andrea fragen, ob sie mitfahren?«

Katharina überlegte kurz: »Das ist eine gute Idee. Ich rufe nach dem Frühstück noch Andrea an. Die beide werden uns nicht absagen, die spielen doch auch gern, besonders Manfred.«

Katharina hatte sich vorgenommen, im Casino einmal so zu spielen wie Manfred. Deshalb fuhr sie, bevor sie zu mir kam, zu einem Bankschalter und hob 3.000 Euro von ihrem Konto ab.

Ich rief noch einmal bei Manfred an und vergewisserte mich, ob er und Andrea auch wirklich mit uns ins Casino fahren würden. Froh gelaunt meinte Manfred: »Das versteht sich doch von selbst, ich hole noch schnell Andrea ab.«

Manfred und Katharina kamen in etwa zeitgleich bei mir zu Hause an. Wir stiegen in Manfreds Golf und machten uns auf den Weg ins Casino. Auf der Fahrt war Katharina richtig aufgedreht. Als ich fragte, ob sie eine Strategie habe, kam die Antwort: »Diesmal spiele ich wie Manfred. Mal sehen, ob ich auch so ein gutes Händchen habe.«

Ich hielt überhaupt nichts davon, sagte aber kein Wort, um ihr den Abend nicht zu verderben. Manfred schaute in den Rückspiegel und grinste.

Nachdem wir das Eintrittsgeld im Casino bezahlt und uns ausgewiesen hatten, gingen wir sofort an einen Spieltisch. Katharina wechselte 500 Euro in 5-Euro-Jetons um und begann zu setzen. Nach ein paar Spielen, sie saß direkt neben dem Croupier, gab sie ihm 9 Jetons. Es soll 5 – 4 – 4 gesetzt werden. Das waren die Zahlen im Kessel 30, 8, 23, 10, 5, 24, 16, 33 und 1. Ergänzend sagte der Croupier: »Dies kann mit jeder Zahl im Kessel gespielt werden.«

Langsam kam Katharina dahinter, was der Croupier gemeint hatte, und nun ging das Spiel erst richtig los. Ihre Ansage von Zahlen 4 – 4 zu spielen, brachte trotz hohem Einsatz am Anfang keinen richtigen Gewinn, was sie dazu bewegte, mit höheren Jetons zu spielen. Ich stand sprachlos neben ihr und dachte: *Wie wird das heute noch enden?*

Mit der Zeit spielte sie sich ein. Nachdem das Glück auf ihrer Seite war, kam sie richtig in Fahrt. Auch den Croupiers gefiel ihre Spielweise. Für jeden Gewinn gab es ja auch etwas Trinkgeld, wofür Katharina auch immer ein freundliches Lächeln des Croupiers bekam. Katharina gewann auf die gleiche Zahl, auf die sie vorher schon einmal gewonnen hatte. Da der Jeton vom letzten Gewinn auf der Zahl liegen geblieben war, wurde ihr der gleiche Betrag noch einmal ausbezahlt. Darauf gab der Croupier ihr den Rat, immer den Einsatz der gewonnenen Zahl etwas zu erhöhen, denn es kam öfters vor, dass diese Zahl noch einmal gewann.

Katharina wurde immer mutiger, sie spielte wie ein Hasardeur, je mehr sie gewann, desto mehr Spaß hatte sie. Jedes zweite, dritte Spiel war erfolgreich. Als sie auch noch mit höheren Jetons spielte, hielt ich mir die Augen und Ohren zu, doch Katarina ließ sich nicht beirren und spielte weiter, als hätte sie noch nie etwas anderes gemacht.

Sie erhöhte nach jedem Gewinn ihren Einsatz um jeweils vier Jetons auf die entsprechende Zahl, die gerade gewonnen hatte. Heute Abend hatte sie das Glück gepachtet, es kam sogar noch einmal die gleiche Zahl. Bei einem Einsatz von 20-Euro-Jetons im ersten Spiel erhöhte sie den Einsatz auf 100 Euro. Als die Zahl zum zweiten Mal kam, wurden Katharina 3.500 Euro ausbezahlt. Zu mir sagte Katharina: »Das kann ruhig den ganzen Abend so weitergehen«, und legte noch 200 Euro auf die gewonnene Zahl.

Manfred und auch Andrea schauten zu, wie Katharina spielte, dabei stellte Manfred fest: »Du hast schnell gelernt. So spielt man Roulette, entweder Sekt oder Selters.«

Ich stand daneben und brachte keinen Ton heraus. Leider fiel die Kugel nicht mehr in die gleiche Zahl, nur ein bedauerndes: »Tut mir leid«, waren die tröstenden Worte des Croupiers. Katharina wusste nicht, wie viel sie bis jetzt gewonnen hatte, sie steckte alles in ihre Handtasche und dachte nicht darüber nach.

Ich versuchte, meine Freundin zu überreden, mal Pause zu machen und mit mir an die Bar zu gehen. Sie war aber so auf das Spiel fixiert, dass sie mich gar nicht wahrnahm. Ich ließ sie gehen, setzte mich alleine an die Bar und bestellte mir ein Bier. Kurze Zeit später kam Andrea zu mir, nahm auf dem Barhocker neben mir Platz und meinte: »Katharina ist ja heute nicht zu bremsen!«

Ich nickte nur und trank einen Schluck aus meiner Flasche.

Auch Manfred spielte wie ein Hasardeur, aber so viel Glück wie Katharina hatte er nicht. Er spielte immer mit den gleichen Einsätzen, nicht wie Katharina, die immer mit größeren Jetons spielte. Als ich mit Andrea von der Bar kam, traute ich meinen Augen nicht. Katharina spielte mittlerweile mit 50er-Jetons, dabei gewann sie immer wieder. Sie wurde gar nicht müde, setzte immer weiter und war in dem Spiel regelrecht gefangen. Innerhalb von zwei Spielen verlor sie etwa 1.000 Euro, stand auf und meinte: »Für heute ist es genug, kommt wir trinken noch etwas.«

Ich zog überrascht die Augenbrauen hoch und lächelte sie an. Als wir vier an der Bar saßen, zählte sie ihren Gewinn. Das heißt, ich zählte die Jetons. Sie war viel zu aufgeregt, ihre Hände zitterten und auch im Gesicht bekam sie ein paar hektische rote Flecken. Nach einer Weile sagte ich: »Du hast 8.900 Euro gewonnen.«

Sie strahlte und lud uns alle zum Essen ein.

Auch Manfred hatte an diesem Abend gewonnen, wenn auch nicht so hoch wie Katharina. Es waren 1.500 Euro. »Ich habe ja auch fast nicht gespielt«, warf Manfred ein, »ich habe nur staunend auf Katharina geachtet, wie routiniert sie spielte.«

Es war ein gelungener Abend gewesen. Jeder hatte etwas gewonnen, auch wenn es nur – wie bei mir – ein kleinerer Betrag war. Die Stimmung war gut und als wir etwas später zum Auto liefen, überreichte Manfred Andrea den Schlüssel.

Auf dem Rücksitz wurde es immer ruhiger. Katharina und ich hielten uns fest umschlungen. Manfred und Andrea beobachteten uns über den Rückspiegel, aber das störte uns nicht. Irgendwann schliefen wir ein.

»Es war eine harte Woche für Katharina«, meinte Andrea leise zu Manfred. »Im Casino war sie ja nicht aufzuhalten, ich hätte nicht erwartet, dass sie so in Fahrt kommen kann.«

»Hauptsache, sie hatte ihren Spaß dabei«, entgegnete Manfred.

Als wir bei mir zu Hause ankamen, stiegen Katharina und ich aus dem Golf aus. Sie sah mich an, strich mir durch das Haar und sagte: »Komm mit mir nach Hause.«

Ich lächelte sie an. »Nichts lieber als das«, antwortete ich ihr. »Ich hole nur noch meine Zahnbürste.«

Leise schlich ich mich in unser Haus, schnappte mir meine Zahnbürste und legte meinen Eltern noch einen Zettel hin, auf dem stand, wo ich war. Katharina saß schon in ihrem Auto, als ich aus der Haustür trat und diese verschloss. Der kurze Schlaf in Manfreds Golf hatte Katharina gutgetan, sie war wieder hellwach. Als ich neben ihr saß, startete sie den Wagen und fing wieder an zu schwärmen, wie toll doch dieser Abend gewesen sei. »Das wird nicht so bleiben«, antwortete ich ihr, »wenn du so weiterspielst.«

Fragend schaute sie mich an.

Ich erzählte ihr von Manfred. »Weißt du, er hat auch so gespielt, wie du. An einem Abend gewann er sogar auf diese Weise 50.000 Euro. Du kennst ja Manfred, er konnte nicht aufhören und verlor wieder 7.500 Euro. Er war von seinem Erfolg so besessen, dass er am liebsten am nächsten Abend wieder ins Casino gefahren wäre. Ich hielt ihn davon ab, da wurde er richtig böse auf mich sprach mit mir eine Woche lang kein Wort mehr. Am nächsten Samstagabend hat er noch einmal 15.000 Euro gewonnen, davon hat er sich das Auto gekauft. Das war kurz bevor wir uns kennengelernt haben. Manfred nahm mir das Versprechen ab, niemandem etwas zu erzählen, was ich auch bis jetzt eingehalten habe. Du bist die Erste, die davon erfährt.«

»Was man versprochen hat, sollte man auch halten« erwiderte Katharina etwas spitzbübig.

»Das ist doch etwas anderes«, rechtfertigte ich mich, »dir kann ich das doch ruhig erzählen.«

Sie zog mich an sich und küsste mich flüchtig auf den Mund. »Ja, du hast ja recht. Ich werde es für mich behalten.«

Die erste gemeinsame Nacht zusammen mit Katharina war fantastisch. Während sie in meinen Armen lag, schliefen wir zusammen ein. Erst am nächsten Morgen um 10 Uhr wurden wir von ihrer Mutter geweckt. Als wir in die Küche kamen, war der Frühstückstisch schon gedeckt. Wir setzten uns. Frische Croissants standen auf dem Tisch, Brötchen, selbst gemachte Marmelade und Wurstaufschnitt. Der heiße Kaffee verströmte einen verlockenden Duft. Ich schnitt mir ein Brötchen auf und belegte es mit einer Scheibe Schinken. Katharina griff nach den Croissants. »Erzählt doch mal, wie war es gestern Abend«, fragte Katharinas Mutter. »Ihr wart doch im Casino, oder?«

»Katharina hat fantastisch gespielt«, begann ich, doch Katharina fuhr mir über den Mund und meinte: »Es ist ja gar nicht wahr. Ich habe nur mal ausgiebig gespielt und sogar 8.900 Euro gewonnen. Mit dem gewonnenen Geld könnte ich doch über ein gebrauchtes Auto nachdenken.«

Auf einmal waren Katharinas Eltern still. Ich wusste, dass ihr Vater Katharina ein Auto zur bestandenen Meisterprüfung schenken wollte. »Das hat doch Zeit bis zum Frühjahr«, meinte ihr Vater, »dann können wir noch einmal darüber reden. Jetzt kommt Weihnachten, dann Silvester. Es gibt zum Jahresende noch viel zu feiern, an eure Verlobung muss auch gedacht werden.«

Damit war der Autokauf erst einmal vom Tisch.

Katharina war einverstanden. »Vielleicht kann ich ja mein Geld auch behalten«, meinte sie.

Ihr Vater und ihre Mutter quittierten das mit einem Lächeln.

»Das Jahr ist bald zu Ende. Danach wirst du dich mehr um die Betriebsführung kümmern müssen«, begann ihr Vater langsam. »Du weißt ja, wir werden nicht jünger. Du wirst dann nicht mehr so oft auf Baustellen sein, deine Hauptaufgabe wird ab nächstes Jahr im Büro liegen.«

»Das weiß ich«, antwortete sie, »aber am liebsten arbeite ich praktisch.«

Während Katharina und ihre Mutter den Frühstückstisch abräumten, unterhielt ich mich mit ihrem Vater, der meinte: »Wie sieht es denn bei dir aus mit der Meisterprüfung?«

Ich bekam einen roten Kopf und erwiderte nur: »Mal sehen.«

»Das bekommen wir auch noch hin«, meinte Katharina lachend.

In diesem Zusammenhang wurde mir von ihrem Vater eine Stelle im Betrieb angeboten. Katharina war begeistert von dieser Idee, dass wir uns täglich sehen würden. Ich sagte darauf nichts, weil ich überrascht war von diesem Angebot. Zu dem jetzigen Zeitpunkt war ich gar nicht bereit, meine Arbeitsstelle zu wechseln. Obwohl ich Katharina über alles liebte, wollte ich meine Freiheit nicht so schnell aufgeben.

Wir standen vor Katharinas Elternhaus und wussten nicht, in welche Richtung wir uns wenden sollten. Ich machte Katharina den Vorschlag, in die Stadt zu fahren. »Am liebsten würde ich wieder ins Casino fahren«, meinte sie.

»Das habe ich mir schon fast gedacht«, antwortete ich ihr, »genau wie Manfred, als er die 50.000 Euro gewonnen hatte. Schalte ab, wir fahren in die Stadt und schlendern ein wenig an den Schaufenstern vorbei, damit du auf andere Gedanken kommst. Es war doch eine anstrengende Woche. Ich habe

mich sowieso gewundert, dass du am Samstag ins Casino wolltest.«
»Das hatte ich mir vorgenommen, außerdem hast du ja den Vorschlag gemacht«, meinte sie etwas enttäuscht.
In der Stadt trafen wir auf Andrea und Manfred, auch sie wussten nichts mit dem Nachmittag anzufangen. Damit war es vorbei mit dem gemütlichen Bummeln. Gemeinsam ging es ins nächste Café, es wurde wieder über Roulette gesprochen, ein Thema, das fast alle interessierte. Allein die Unterhaltung davon brachte Katharina wieder in Hochform. Am liebsten, das sah ich ihr an, hätte sie zu Manfred gesagt: »Komm wir fahren ins Casino.« Um nicht nur vom Casino zu sprechen, versuchte ich, das Gespräch auf ein anderes Thema zu lenken. Doch es war zwecklos.

Am Freitagabend war Katharina früh bei mir. Sie hatte wohl Sehnsucht, entsprechend war unsere Begrüßung: sehr intensiv. Sie löste sich von mir. »Ich muss deinen Eltern guten Tag sagen«, meinte sie und war schon auf dem Weg in die Küche. Ich glaube, Katharina kam gerne zu uns nach Hause, mit meiner Mutter hatte sie immer einen lebhaften Gesprächsstoff. Ich stand in der Tür und drängelte ein wenig: »Katharina, wir müssen los, Manfred und Andrea warten schon in der Disco.«
Nur widerwillig riss sie sich von meiner Mutter los, lächelte sie noch einmal an und verabschiedete sich. Wir beeilten uns, schließlich waren wir wieder einmal spät dran. Als wir in die Disco kamen, warteten Andrea und Manfred schon auf uns. Wir unterhielten uns, doch es dauerte nicht lange und das Thema war wieder Roulette. Manfred konnte sich nicht beruhigen, wie toll Katharina am letzten Samstag gespielt hatte. »Wollen wir morgen ins Casino fahren?«
Er wollte uns wieder überreden mitzukommen. Katharina gab mir unter dem Tisch mit dem Fuß ein Tritt. Ich reagierte sofort und sagte: »Ich glaube nicht. Katharina hat in den letz-

ten 14 Tagen so viel gearbeitet. Wahrscheinlich machen wir es uns morgen Abend zu Hause gemütlich.«

Manfred wollte das nicht glauben, er schaute Katharina an, doch sie nickte mit dem Kopf. Auch Andrea war dafür, ein ruhiges Wochenende zu haben. »Wir können es uns doch auch einmal zu Hause gemütlich machen«, meinte Andrea.

Manfred war sauer, das sah ich ihm an, er wäre gern ins Casino gefahren, wollte aber mit Andrea keinen Streit anzetteln. Also gab er sich geschlagen.

*

An den Wocheneden waren wir unzertrennlich. Für mich war es schon fast eine Selbstverständlichkeit geworden, bei meiner Freundin zu übernachten. Eines Abends, es war Freitag, fing Katharina an zu betteln, doch am nächsten Tag ins Casino zu fahren.»Mir hatte es dort richtig Spaß gemacht!«
»Aber ich will mit dir lieber alleine sein«, warf ich ein. Ich war nicht begeistert und überlegte, wie ich ihr das ausreden konnte.
»Wir nehmen das Auto von meinem Vater«, sagte sie. Sie hatte gleich gemerkt, dass ich nicht so recht wollte. Das Argument, ihr Auto sei doch für so eine weite Fahrt zu alt, konnte ich ja jetzt auch nicht mehr bringen. Aus Liebe zu ihr blieb mir nichts anderes übrig als einzuwilligen, auch wollte ich ihr nicht den Spaß verderben. Halb ausgezogen lag Katharina auf dem Bett und zog mich an sich.»Prima. Dann ist es abgemacht, wir fahren morgen ins Casino.«
»Ja«, gab ich zerknirscht zu,»abgemacht.«

Am nächsten Abend holte sie aus ihrer Geldkassette ein Bündel Scheine fürs Casino. Sie schaute mich an und fragte:»Willst du auch einmal richtig spielen?«
»Ich kann höchstens 300 Euro mitnehmen, sonst ist mein Konto leer«, erwiderte ich.
»Wenn du willst, kann ich dir ja etwas geben?«
»Aber bei Verlust, kann ich es dir nicht zurückzahlen«, warnte ich sie.
»Das macht nichts, es ist doch nur gewonnenes Geld.«
Ohne zu zögern steckte sie mir 2.000 Euro in die Tasche und meinte:»Jetzt kannst du spielen, brauchst es mir nicht mehr zurückzubezahlen.«
Ich nahm Katharina in den Arm, dabei gab sie mir einen Kuss. Sie sagte leise:»Ich bin einfach glücklich mit dir, mein Schatz.«

Wir fuhren zu mir nach Hause, wo ich mich umzog. Im Casino gelten gewisse Kleidervorschriften. Generell sollte sowohl der Herr als auch die Dame elegant gekleidet sein. Ein Sakko bei dem Herrn ist obligatorisch. Währenddessen unterhielt sich Katharina mit meiner Mutter. »Was habt ihr heute Abend denn vor«, wollte sie wissen.

»Wir fahren ins Casino«, antwortete Katharina.

»Unser Junge lässt sich leicht beeinflussen, er ist aber herzensgut. Wir hatten keine Probleme mit ihm, auch ist er immer zuverlässig. Wir sind richtig froh darüber, dass er dich kennengelernt hat.« Dabei nahm sie ihre Hand.

Katharina erwiderte nur: »Ich liebe ihn sehr, ich hatte schon fast aufgegeben, einmal den Richtigen zu finden. Jürgen ist genau der Richtige, den ich suchte.«

Als ich zurück zu den beiden kam, meinte meine Mutter süffisant: »So schnell, wie er sich heute umgezogen hat, war er noch nie.« Sie grinste. »Bitte verliert beim Roulette nicht die Übersicht«, warnte uns meine Mutter noch, bevor wir uns auf den Weg ins Casino machten.

Im Auto wollte ich wissen, über was sich meine Mutter mit ihr unterhalten hatte. Katharina lächelte und sagte: »Deine Mutter hat dich gelobt, du hättest ihnen nie Sorgen gemacht. Wenn ich den Vergleich anstelle zwischen Manfred und dir, bin ich der Überzeugung, dass ich es richtig gemacht habe. Das hat auch schon Andrea mir gesagt.« Sie zwinkerte mir zu.

Als wir das Casino betraten, herrschte eine ruhige, angenehme Atmosphäre. Das gedämpfte Licht und die erhellten Spieltische luden zu einem aufregenden Abend ein. Katharina nahm am gleichen Tisch wie letzte Woche Platz. Sie schaute mich an und sagte: »Jetzt spiel richtig, aber gewinn auch richtig!«

Sie wechselte gleich 1.000 Euro in 10er-Jetons um. Ohne auf die Anzeige zu schauen, die anzeigte, welche Zahlen zuletzt gekommen waren, fing sie an zu setzen. Die Anzeige, die sich über jedem Roulettetisch befand, zeigte die letzten 15 Zahlen an, in die die Kugel im Kessel gefallen war.

Ich stand noch einige Zeit neben ihr und merkte, dass sie sich nur noch auf das Spiel konzentrierte. Da beugte ich mich zu ihr herunter und flüsterte ihr ins Ohr: »Ich gehe an einen anderen Tisch spielen.«

Sie nickte nur.

Mit dem schnellen Gewinnen, wie letzte Woche, war es vorbei. Innerhalb einer Dreiviertelstunde hatte sie schon fast die ersten tausend Euro verspielt. Es war nicht so, dass sie nur verlor, aber es war auch nicht genug, dass sie in die Gewinnzone kam. Ich hatte schon etwas mehr Erfahrung und spielte daher vorsichtiger. Mit 5er-Jetons fing ich an, dabei gewann ich in kurzer Zeit etwa 300 Euro. Ich war zufrieden mit meinem Erfolg und nahm mir vor, bei 500 Euro Gewinn mit 10-Euro-Jetons zu spielen.

Katharina verlor weiter und wechselte die nächsten tausend Euro. Bei ihr war die Stimmung auf dem Nullpunkt angelangt. Auch scherzten die Croupiers nicht wie beim letzten Mal mit ihr, nur bei einem Gewinn machten sie ihr Mut. Doch auch mit dem zweiten Tausender verlief es nicht anders. In kürzester Zeit war dieser verzockt.

Als ich von meinem Tisch aufstand, bemerkte ich, wie geknickt Katharina an ihrem Spieltisch saß. Mit verbissener Miene verfolgte sie die Kugel im Kessel. Ich ging zu ihr. »Komm, wir machen eine Spielpause. Lass uns etwas trinken gehen.«

Sie war einverstanden. An der Bar bestellte ich ihr einen Cocktail, vielleicht würde Katharina dann etwas entspannter werden. Sie fing an zu grübeln: »Ich habe schon 2.000 Euro verloren, 1.000 Euro habe ich noch.«

Ich wusste gar nicht, wie viel genau ich gewonnen hatte. Ich legte meine ganzen Jetons auf den Tresen und zählte sie. Bis jetzt hatte ich 1.300 Euro gewonnen. Eigentlich wollte ich ja schon längst aufhören, aber der Spielteufel hatte auch mich wieder erwischt. Ich gab Katharina 1.000 Euro, doch sie versuchte, abzulehnen. Nachdem wir ausgetrunken hatten, schöpfte Katharina wieder Hoffnung. Sie nahm doch die

1.000 Euro von mir und sagte dabei: »Wenn ich gewinne, bekommst, du sie wieder.«

Ich antwortete darauf nichts. Ich war mir sicher, dass das heute Abend nichts mehr werden würde. Die Zeit verging, mittlerweile war es 23 Uhr geworden und Katharina versuchte ihr Glück an einem anderen Tisch. Diesmal spielte sie etwas vorsichtiger, zuerst mit 5er-Jetons. Es dauerte nicht lange und sie gewann, als ob ihr die Kugel nachlief. Zwar gewann sie nicht jedes Spiel, doch ein kleiner Überschuss zeichnete sich ab. Nach einiger Zeit erhöhte sie und spielte mit 10er-Jetons weiter. Ihre Stimmung wurde sichtlich besser. Bei einer Überschlagskontrolle stellte sie fest, dass sie ihren Verlust wieder ausgeglichen hatte. Als ich nach Katharina schaute und mich neben sie setzte, strahlte sie mich an und sagte: »Ich habe alles wieder zurückgewonnen.«

»Ich habe 2.500 Euro gewonnen, so viel Glück habe ich schon lange nicht mehr gehabt«, erzählte ich ihr. »Ich spiele heute nicht mehr!«

Sie lächelte nur und war schon wieder in ihr Spiel vertieft. Ihre Glückssträhne hielt weiter, ans Aufhören dachte sie noch lange nicht. Selbst der gute Vorsatz, bei einem kleinen Gewinn aufzuhören, war vergessen. Stattdessen erhöhte sie die Einsätze von 10er-Jetons auf 20er-Jetons. Mir blieb nichts anderes übrig, als ihr zuzuschauen, dabei wurde ihre Gewinnspanne immer größer.

Inzwischen war es halb zwei geworden. Katharina stand auf und fragte: »Mein Schatz, wollen wir nicht für heute Schluss machen?«

Ich war froh darüber. Wir tauschten die Jetons um und Katharina staunte, als ihr etwas über 5.000 Euro ausbezahlt wurden. Beim Verlassen des Casinos sagte ich zu ihr: »Du bist ein richtiges Glückskind«, dabei drückte sie meine Hand.

Zu Hause angekommen zählte Katharina noch einmal ihren Gewinn nach, es waren genau 5.450 Euro. Auch ich zählte nach und gab ihr die 1.000 Euro zurück, die sie aber gar nicht mehr haben wollte. Sie sagte noch: »Ohne dich und Manfred, hätte ich mich nie getraut, in ein Spielcasino zu gehen!«

Vor uns lagen nun einige Festivitäten, unsere Verlobung, Weihnachten und Silvester. Die Verlobungsringe mussten wir in dieser Woche noch abholen, das wollten wir gemeinsam erledigen.

Eines Abends rief mich Manfred an und machte den Vorschlag, am nächsten Abend ins Casino zu fahren. Mir war es im ersten Moment gar nicht recht, mitten in der Woche gab es immer Probleme mit der Heimfahrt, letztendlich ließ ich mich aber überreden und stimmte zu.

Bevor ich mit Manfred ins Casino fuhr, rief ich Katharina an und berichtete ihr, dass ich mich mit Manfred treffen würde. Sie hatte nichts dagegen, wollte lediglich wissen, was wir vorhätten. Ich schwindelte sie an: »Och, nichts Besonderes, wir wollen nur etwas Trinken gehen.«

Warum hatte ich sie nur angelogen? Ich wollte Katharina davor bewahren, spielsüchtig zu werden, denn diese Sucht machte vor niemandem halt. Doch hatte ich das Recht dazu, selbst ins Casino zu gehen und es meiner Freundin mehr oder weniger vorzuenthalten?

Katharina war nach unserem Telefonat der Gedanke gekommen, dass ich vermutlich doch mit Manfred ins Casino fahren würde. Sie hatte sich nicht vorstellen können, dass wir nur »etwas trinken gingen«. Wie recht sie doch damit hatte.

Manfred war pünktlich bei mir zu Hause aufgetaucht. »Es ist schon lange her, dass wir alleine zur Spielbank gefahren sind«, meinte er während der Fahrt zu mir. »Weiß eigentlich Katharina davon?«

Ich schüttelte mit dem Kopf. »Ich habe ihr nur gesagt, dass wir uns treffen, aber nichts vom Casino.«

Wir unterhielten uns wie früher über das Spiel. Manfred hatte immer neue Vorschläge. Irgendwann wollte ich nichts mehr davon hören und sagte: »Wenn wir im Casino sind, spielst du doch sowieso wieder wie ein Hasardeur!«

Manfred zuckte mit den Schultern. »Wenn du meinst?«

Im Casino angekommen war es genau so, wie ich es vorausgesagt hatte. Manfred hörte die Kugel rollen und alle guten Vorsätze waren dahin. Wir gingen jeder an den Tisch, an dem wir uns die besten Chancen ausrechneten. Manfred hatte sich angewöhnt, von einem Tisch zum anderen zu laufen, um sein Glück zu versuchen. Am Anfang lief es bei uns recht gut, wir gewannen mehr, als wir verloren. Ich hatte in der ersten Stunde 1.500 Euro gewonnen und dachte: *Jetzt müsste ich auch mal so viel Glück haben wie Manfred.* Dabei übersah ich, dass mich das Glück so langsam verließ. In den folgenden Spielen verlor ich mehr als ich gewann.

Von Manfred war nichts zu sehen. Er verlor ohne Ende, bis er seine Jetons nachzählte und dabei feststellte, dass seine Gewinne und noch 2.000 Euro futsch waren. Mit einem Gesicht, als stünde uns ein Weltuntergang bevor, kam er zu mir und beobachtete, wie auch ich verlor. Manfred wollte wissen, ob ich noch im Plus war. Ich nickte und sagte: »Wenn ich jetzt noch 200 Euro verliere, höre ich auf.«

Die letzten 1.000 Euro tauschte Manfred in Jetons um. Ich wollte ihn davon abhalten, doch er hörte nicht auf mich und verlor in kurzer Zeit noch einmal 500 Euro. Ich hatte auch kein Glück mehr und verspielte noch 200 Euro. Es war enttäuschend für mich. Noch konnte ich aufhören, auch wenn die Spanne im Verhältnis zu dem, was ich schon gewonnen hatte, geringer geworden war. Um nicht in Versuchung zu kommen, tauschte ich meine Jetons ein und suchte Manfred. Er machte nicht mehr ein so düsteres Gesicht wie zuvor. »Hast du deinen Verlust wieder ausgeglichen?«, fragte ich.

Er schüttelte den Kopf und sagte: »Bald!«

Ich setzte mich an die Bar und schaute Manfred zu. Es war schon 22 Uhr und ich wollte so langsam nach Hause. Morgen könnte ich nicht ausschlafen. Manfred kam nicht mehr in die Gewinnzone. Als ich dann zum wiederholten Mal fragte, wann er denn endlich gedenke, Schluss zu machen, erhielt ich wieder die gleiche Antwort: »Bald.«

Durch den Druck, den ich machte, fing er an, riskanter zu spielen. Manfred verlor zum Schluss alles, sein eigenes sowie das schon gewonnene Geld. Im Auto sprach er kein Wort mit mir. Er war sauer auf mich. Bestimmt gab er mir die Schuld, weil ich ihn zum Aufbruch gedrängt hatte.

Es war richtig spät geworden. Manfred fuhr, obwohl es Winter war, total unvernünftig. »Fahr doch nicht so schnell«, sagte ich.

»Du willst doch nach Hause«, antwortete er in einem gereizten Tonfall.

»Ja sicher, aber gesund wollte ich da schon ankommen«, gab ich zurück. »Außerdem brauchst du deine Launen nicht an mir auszulassen.«

Ich war froh, als wir heil zu Hause ankamen. Ich verabschiedete mich mit einem knappen »gute Nacht« und stieg aus dem Golf aus.

Manfred sagte gar nichts mehr und fuhr mit durchdrehenden Rädern davon. *Na toll*, dachte ich, *der ist ja so richtig angefressen.*

Noch lange lag ich im Bett wach und dachte über den verpatzten Abend nach. Am meisten ärgerte ich mich über mich selbst, dass ich nicht aufgehört hatte, als ich fast das Doppelte gewonnen hatte. Wie oft hatte ich mir das schon vorgenommen, doch die Gier nach noch mehr verführte mich immer wieder. War ich etwa auch schon spielsüchtig?

Als ich am nächsten Morgen verschlafen in die Küche kam, sagte mir meine Mutter auf den Kopf zu: »Ihr wart im Casino.«

»Ja«, gab ich zerknirscht zu, »aber immerhin habe ich 1.000 Euro gewonnen. Manfred hat jedoch alles verspielt.«

»Manfreds Eltern haben auch bei uns angerufen«, erzählte meine Mutter. »Sie machen sich große Sorgen um ihren Sohn, er ist wohl schon süchtig nach dem Roulette.«

Die Sorgen der Eltern konnte ich nicht nachvollziehen, obwohl mir Manfred anvertraut hatte, dass er schon 15.000

Euro verspielt hatte. Sicherlich spielte er unvernünftig und wollte immer mehr – wer wollte das nicht –, aber so richtig spielsüchtig? Nein, das glaubte ich nicht. Schließlich ging er doch nicht jeden Tag ins Casino. Müsste man das nicht, wenn man danach *süchtig* war?

In der Frühstückspause telefonierte ich mit Katharina. Auch sie sagte zu mir: »Ihr wart gestern wieder im Casino gewesen. Hab ich recht?«

Ich wollte meine Freundin nicht anlügen und gab es zu. »Allerdings habe ich 1.000 Euro gewonnen«, rechtfertigte ich mich.

»Damit kannst du aber zufrieden sein«, meinte Katharina.

Ich verschwieg ihr die Tatsache, dass ich schon fast mit 2.000 Euro im Plus war. Wenn sie das erfahren hätte, wäre sie bestimmt anderer Meinung gewesen.

*

Ich freute mich auf Katharina. Wir wollten uns am Abend treffen, bevor wir gemeinsam auf die Weihnachtsfeier von ihrem Betrieb gingen. Das Telefonat mit ihr hatte mir gutgetan, hatte mich von fast allen Selbstvorwürfen, insbesondere weil ich am Abend zuvor im Casino so versagt hatte, befreit. Die Gewissheit, heute Abend mit Katharina zusammen zu sein, ließ die Arbeit für den Rest des Tages leichter von der Hand gehen.

Auf dem Weg zur Weihnachtsfeier bemerkte ich, dass irgendetwas nicht mit ihr stimmte. Sie kam mir richtig launisch vor. So kannte ich sie gar nicht. Ob etwas vorgefallen war, worüber sie mit mir nicht reden wollte? Oder betraf es vielleicht unsere Beziehung? Hatte ich etwas falsch gemacht? Ich dachte nach. Was hatte ich gesagt, das sie möglicherweise gekränkt hatte? Mir fiel nichts ein. Als wir in dem Lokal ankamen, in dem die Weihnachtsfeier stattfand, wurde ich der Belegschaft als zukünftiger Verlobter von Katharina vorgestellt. Die düsteren Gedanken waren wie weggewischt. Ich setzte mich zu den Mitarbeitern und freute mich auf die Feier. Die Stimmung war gut. Je später der Abend, umso deftigere Sprüche wurden gemacht, wie es auf Baustellen unter Arbeitern üblich war.

Katharina saß still neben mir. Plötzlich platzte es aus ihr heraus: »Musstest du gestern Abend unbedingt mit *Manfred* ins Casino fahren?«

»Warum denn nicht?«, antwortete ich überrascht über ihre Frage. »Ich war einsam, ohne dich war es abends so langweilig. Deswegen habe ich zugestimmt, als Manfred mich anrief und mit mir ins Casino wollte. War das so schlimm?«

»Nein, aber als du mich anriefst, hättest du mir das ruhig sagen können!«

Jetzt wusste ich, warum Katharina vorhin im Auto so kurz angebunden war. Mein Gefühl hatte mich also nicht getäuscht.

Sie war ärgerlich, weil ich mit Manfred im Casino war und nicht mit ihr. »Es tut mir leid, ja, ich hätte es dir auch sagen können«, entschuldigte ich mich bei ihr. Ich nahm sie in den Arm und gab ihr einen kleinen Kuss.
Ein zaghaftes Lächeln huschte über ihr Gesicht. Dann blickte sie mich an und alles war vergessen.

Unser – ja, man könnte sagen – kleiner Streit war bald vergessen. Nach der Weihnachtsfeier fuhren wir zu ihr, wie eigentlich jeden Samstag. Wir machten es uns gemütlich und unterhielten uns über das Casino. »Ich hatte von Anfang an Glück«, erzählte ich ihr, »und auch bei Manfred lief es anfangs noch gut, bevor er seinen eingeheimsten Gewinn wieder verspielte. Er kann einfach nicht aufhören.«

»Ja, das ist mir auch schon aufgefallen«, merkte Katharina an.

Ich erwähnte nicht, dass auch ich anfangs nicht aufhören konnte, weswegen ich ja so viel verloren hatte, auch wenn am Ende ein Plus herausgekommen war. »So war es aber schon immer mit Manfred, er sieht das Spiel am Roulettetisch so verbissen«.

»Ich habe jetzt wieder richtig Lust bekommen, zu spielen. Was meinst du, fahren wir demnächst mal wieder ins Casino?«

»Gerne, das können wir machen«, antwortete ich.

Wir merkten nicht, dass wir durch unsere Anfangserfolge auf dem besten Weg waren, der Spielsucht zu verfallen.

Manfred steckte sich 5.000 Euro ein. An diesem Abend wollte er viel gewinnen. Er musste dafür riskant spielen, das wusste er, aber er war sich sicher, dass er rechtzeitig aufhören könnte.

Als er am Casino ankam, bemerkte er, dass dieses geschlossen hatte. »Verdammt«, fluchte er vor sich hin. Er war so wütend, dass er auf dem Parkplatz seinen Golf mit hoher Geschwindigkeit herumriss und dabei schwarze Reifenspuren hinterließ. Es war der erste Weihnachtsfeiertag und er hatte in der Aufregung ganz vergessen, dass das Casino an diesem Tag wie in jedem Jahr geschlossen war.

Gegen Abend machten wir uns mit unseren Geschenken unter dem Arm auf den Weg zu meinen Eltern. Katharinas Mutter schaute etwas traurig, war es doch das erste Mal, dass ihre Tochter an Weihnachten woanders war. »Wir kommen doch bald wieder«, versuchte Katharina ihre Mutter zu trösten.

Die Augen meiner Mutter leuchteten, als wir bei meinen Eltern zur Tür hereinkamen. »Ich muss mich noch schnell umziehen«, sagte ich zu Katharina. »Möchtest du mitkommen oder hier auf mich warten?«

Sie wollte schon aufstehen, da nahm sie meine Mutter am Arm und sagte: »Bleib doch da, wir können uns ein bisschen unterhalten.«

Wenn Katharina bei mir war, hatte Mutter nur Augen für sie. Gemeinsam deckten sie den Tisch für das Abendessen ein und unterhielten sich dabei über Gott und die Welt. Meine Mutter hatte einen leckeren Braten, Klöße und Rotkohl gemacht. Es duftete herrlich im ganzen Haus. Als ich mich fertig umgezogen hatte, kam ich ins festlich gedeckte Esszimmer und musste staunen. So weihnachtlich hatte ich es schon lange nicht mehr gesehen. Den Tisch zierte eine grüne Tischdecke mit roten Rentieren. Natürlich hatte Mutter ihr bestes Geschirr ausgepackt. Zwei kleine Kerzen, ebenfalls in Rot, leuchteten um die Wette. Tannenzapfen und zusammengebundene Zimtstangen lagen als hübsche Dekoration auf dem Tisch. »Setz dich doch«, sagte meine Mutter zu mir, als ich noch immer in der Tür stand.

»Äh, ja«, stammelte ich.

Als wir alle gemeinsam am Tisch saßen, schenkte uns mein Vater einen kräftigen Merlot ein. Endlich kam meine Mutter mit dem Braten aus der Küche, den sie hübsch drapiert hatte. Mir lief das Wasser schon im Mund zusammen. Es schmeckte wirklich köstlich. Nach dem üppigen Essen, ich war mehr als pappsatt, und einem Verdauungsschnaps verteilten wir die Geschenke. Ich freute mich schon den ganzen Abend darauf. Als ich Katharina das eingepackte Päckchen überreichte, lächelte sie mich freudig an. »Was ist es?«, fragte sie.

»Mach es doch auf. Ich verrate nichts.«

Sie wickelte das glänzende Papier ab und öffnete die kleine schwarze Schachtel. Ihr blieb vor Freude fast die Luft weg, als sie das Geschenk betrachtete. »Oh mein Gott, wie hübsch«, strahlte sie mich an.

Ich hatte ihr vor Wochen schon ein Herz mit einem Brillanten anfertigen lassen. Als sie es anziehen wollte, meinte ich: »Du musst es auch mal aufmachen.«

Als sie das Innere des Herzens sah, konnte sie sich nicht mehr zurückhalten und fiel mir um den Hals. Schluchzend las Katharina *Für immer Dein Jürgen* mit meinem Bild in Emaille. Sie küsste mich. Auf der Rückseite des Herzens war das Monogramm *JM* eingraviert. Katharina zeigte das Schmuckstück stolz meinen Eltern. Nun war ich dran mit Auspacken. Katharina hatte mir das neueste Smartphone, das auf dem Markt war, geschenkt. Ich war sprachlos. Damit hatte ich wirklich nicht gerechnet. Ich umarmte meine Freundin und drückte ihr einen Kuss auf den Mund.

Zwischen den Jahren hatte ich Urlaub. Wir trafen uns mit Manfred und Andrea in einem Café, das für seine herrlichen Kuchen in der Region bekannt ist. Als wir bei Kaffee und Kuchen beisammensaßen, fragte Manfred in die Runde, ob wir nicht mal wieder gemeinsam ins Casino fahren wollten. Dabei schaute er Katharina an und meinte: »Ich würde gerne wieder dabei zusehen, wie du gewinnst.«

»Aber klar«, antwortete Katharina, ohne mich vorher gefragt zu haben. »Ich kann meinen Vater überreden, mir das Auto zu borgen. Wir sind ja schon so oft mit dir gefahren.«

»Das ist eine gute Idee«, erwiderte Manfred. »Ich wollte euch sowieso schon fragen, ob wir uns die Fahrtkosten teilen könnten.«

Ich runzelte die Stirn. Das war untypisch für Manfred. Manchmal fuhr er dreimal die Woche ins Casino, und zwar alleine. Da scherte er sich auch nicht um die Fahrtkosten. Irgendetwas musste vorgefallen sein. »Warst du in letzter Zeit im Casino?«, fragte ich ihn.

»Nein«, kam die knappe Antwort von Manfred.

Wir vereinbarten einen Termin an einem Nachmittag, an dem wir ins Casino fahren wollten.

»Er war heute irgendwie seltsam, findest du nicht?«, fragte ich auf dem Nachhauseweg Katharina.

»Manfred?«

»Ja, normalerweise interessieren ihn die Fahrtkosten überhaupt nicht. Ich könnte wetten, er hat wieder eine Menge Geld im Casino verloren.«

»Aber er hat doch gesagt, dass er in letzter Zeit nicht da war. Wieso sollte er dich anlügen«, meinte Katharina.

»Ich weiß es nicht.«

Wir waren unterwegs ins Casino. Katharina hatte ihren Vater überreden können, ihr das Auto zu leihen. Andrea und Manfred saßen hinten, Katharina fuhr den Wagen und ich saß neben ihr. Als meine Mutter vorhin erfahren hatte, was wir heute vorhatten, war sie alles andere als begeistert gewesen. »Ihr wollt doch nicht schon wieder ins Casino?«

»Ach Mama«, hatte ich gesagt, »mach dir keine Sorgen, bis jetzt ging doch alles gut.«

Sie hatte mich mit einem warnenden Blick angeschaut. Ich wusste, dass sie so rein gar nichts von unseren Aktivitäten hielt. »Dann fahrt vorsichtig und kommt gesund wieder nach Hause«, hatte sie uns zum Abschied hinterhergerufen.

Katharina hatte ihr noch einmal zugewinkt und gesagt: »Es wird schon nichts passieren.«

»Die müssten dich mal sehen, wie du spielst«, hatte ich ihr leise zugeraunt, woraufhin Katharina ein Grinsen nicht hatte verhindern können.

Manfred und ich unterhielten uns mal wieder über Roulette. Dabei erklärte er mir, welche Strategie er heute spielen wollte. Katharina hörte uns zu und mischte sich ein: »Heute werden wir uns erst einmal einen Überblick verschaffen. Mal sehen, wo sich die beste Gelegenheit bietet.«

Andrea hielt sich bei diesem Thema zurück und sagte nur: »Ich bin froh, wenn kein Verlust entsteht. Wichtig ist doch, ein paar Euros zu gewinnen, in welcher Höhe ist egal.«

Als wir auf dem Parkplatz vor dem Casino ankamen, konnte es Manfred kaum erwarten, endlich hineinzugehen. »Warte doch mal«, rief ich ihm hinterher, als er schon die Treppen zum Eingang hoch gelaufen war.

»Mir ist kalt«, redete er sich heraus.

Katharina, Andrea und ich folgten ihm. Das Casino war gut besucht. Viele Leute hatten offensichtlich zwischen den Jahren Urlaub und gönnten sich einen Casinobesuch. Wir wechselten unser mitgebrachtes Geld in Jetons und suchten uns einen Spieltisch. Dort schauten wir zuerst auf die Anzeige, die uns verriet, welche Zahlen gefallen waren. Wir überlegten, ob wir dort eine Chance hätten. Einige Croupiers kannte Katharina schon. Sie wechselte ein paar Worte. So verging die erste Dreiviertelstunde, ohne dass wir spielten.

Manfred saß schon an *seinem* Roulettetisch und gab seinen Einsatz ab. Andrea setzte sich neben ihn.

Die Kugel rollte schon, es war kurz bevor das Spiel abgesagt wurde. Während der Croupier »Rien ne va plus, nichts geht mehr« sagte, setzte ich noch auf die 27 einen 3/3-Einsatz. Die Kugel rollte und rollte und plötzlich fiel sie mit einem »Pling« in den Kessel. Noch ein paarmal hüpfte sie wie ein aufgeschreckter Grashüpfer und landete schließlich in der 11. »Beim ersten Einsatz gleich gewonnen«, staunte Katharina. »Das geht ja lustig los, wie wird das noch enden heute Abend?«

Manfred spielte wie eh und je. Er setzte riskant und machte dabei sehr hohe Einsätze. Die Quittung folgte sofort. Nach einer Stunde sah ich ihn, wie er wieder Geld in Jetons umtauschte. Vermutlich hatte er verloren und wollte seinen Verlust versuchen auszugleichen. Das Problem war nur, dass Manfred nie aufhören konnte. Der Reiz, dass vielleicht der nächste Einsatz gewinnen könnte, ließ ihn immer weiterspielen.

Am Anfang gewann ich nicht schlecht, bei einem groben Überschlag kam eine schöne Gewinnsumme zusammen, für die ich lange hätte arbeiten müssen. Mir kam der Gedanke, aufzuhören, denn was ich hatte, das hatte ich, das nahm mir keiner mehr ab. Doch ich verwarf den Gedanken schnell wieder, weil ich immer noch am Gewinnen war.

»Mal sehen, ob ich auch so viel Glück habe wie du«, meinte Katharina. Ihr war das Glück nicht so hold, mal verlor sie, mal gewann sie, es glich sich wieder aus. Ihr verging an diesem Abend jedoch die Lust am Spielen. Sie suchte Andrea auf, die neben Manfred am Spieltisch saß. Als Katharina Andrea sah, brauchte sie nicht mehr zu fragen, an ihrem Gesichtsausdruck konnte sie sehen, dass Manfred am Verlieren war. »Habt ihr denn wenigstens ein bisschen Glück?«, fragte Andrea.

»Bei Jürgen läuft es ganz gut, bei mir gar nicht, ich habe auch im Moment keine große Lust mehr. Ist euer Verlust denn hoch?«, wollte Katharina wissen.

»Bestimmt 1.500 Euro«, sagte Andrea traurig.

Katharina nahm ihre Freundin beim Arm, um sie etwas aufzuheitern. »Komm, ich lade dich ein.«

Andrea beugte sich zu Manfred und flüsterte ihm ins Ohr: »Ich gehe mit Katharina an die Bar«, was er jedoch gar nicht mitbekam. Das Roulette hatte ihn wieder in seinen Bann gezogen. Die beiden suchten sich einen Platz an der Theke, von wo aus der Roulettetisch, an dem Manfred spielte, gut zu sehen war. Katharina versuchte, ihre Freundin zu trösten: »Was er verloren hat, ist doch nur Geld, das Manfred schon einmal gewonnen hatte.«

»Das ist nicht das Schlimme«, erwiderte Andrea, »ich habe doch nur Angst. Für ihn gibt es kein Halten mehr bei Verlust, das ist der Anfang von Sucht.«

Aufgerüttelt von Andreas Gedanken versuchte auch Katharina, mich vom Spiel abzuhalten. Das ging mir auf die Nerven, weshalb ich unbeherrschter als beabsichtigt meinte: »Ich brauche kein Kindermädchen!«

Die gute Laune, mit der wir ins Casino gefahren waren, war verflogen. Katharina sagte nur: »So hast du ja noch nie reagiert«, worauf ich keine Antwort gab.

Genervt von der Bevormundung stand ich auf und verschwand aus dem Blickfeld meiner Freundin. Nach einer Dreiviertelstunde hatte Katharina sich etwas beruhigt. Sie fand mich bei bester Laune am Spieltisch. Ich blickte auf und sagte ihr freudig, dass ich im Moment eine Glücksphase hätte, die mir innerhalb kurzer Zeit fast 5.000 Euro Gewinn eingebracht hatte. Dann stand ich auf, nahm Katharina in den Arm und bat sie um Verzeihung: »Ich habe es nicht so gemeint vorhin.«

Ich nahm ihre Hand und drückte sie. Für mich war alles wieder in Ordnung, doch Katharinas Blick sagte mir, dass sie nachher sicherlich mit mir noch ein Wörtchen sprechen würde. Ich ärgerte mich über mich selbst. Wie hatte ich nur so unmöglich zu meiner Freundin sein können? Warum war ich so aggressiv geworden? Offensichtlich hatte mich die Spielerei auch schon in ihren Bann gezogen. Ich musste aufpassen, dass ich nicht so wurde wie Manfred. Um abzulenken, nahm ich sie bei der Hand: »Komm, wir schauen mal nach Andrea und Manfred.«

Bei Manfred hatte sich das Blatt etwas zu seinen Gunsten gewendet, seinen Verlust und zuzüglich 200 Euro Gewinn hatte er bis jetzt eingespielt. Andrea setzte auch ab und zu mal 10 Euro auf Rot oder Schwarz. Dabei hatte sich im Laufe des Abends ein kleiner Gewinn angesammelt. Nur Manfred konnte wieder nicht aufhören, er spielte weiter. Ich beugte mich zu Katharina und sagte: »Ich habe genug Glück gehabt heute Abend, ich spiele nicht mehr.«

Nachdem ich vom Umtausch meiner Jetons zurückkam, traute ich meinen Augen nicht. Katharina hatte wieder mit dem Spielen angefangen. Ich sagte nichts, merkte aber bald, dass sie heute kein Glück hatte. »Es ist nicht dein Tag«, meinte ich zu ihr. Damit wollte ich sie vom Spiel abhalten, worauf sie etwas grob zu mir sagte: »Du hast ja vorhin auch nicht aufgehört.«

Ich ließ sie alleine und streifte durch den Roulette-Saal, beobachtete dabei an den einzelnen Tischen, wie die Kugeln rollten. Ich kämpfte mit mir. Einmal könnte ich es doch noch versuchen. Schließlich hatte ich heute doch eine Glückssträhne. Ich nahm einen 500-Euro-Schein und wechselte ihn direkt am Roulettetisch in 10er-Jetons um. Innerhalb kürzester Zeit hatte ich alle Jetons verspielt. Innerlich ärgerte ich mich, nahm aber den nächsten 500-Euro-Schein. Auch dieser war in der nächsten halben Stunde verloren. Katharina hatte an diesem Abend kein Glück, sie verlor insgesamt 1.000 Euro. Als sie mich sah mit meinem langen Gesicht, wusste sie alles. »Fang ja nicht an zu jammern, du hast immerhin circa 4.000 Euro gewonnen. Ich dagegen habe in meiner Unvernunft 1.000 Euro verloren.«

Obwohl Katharina nach außen tat, als würde es ihr nichts ausmachen, sah ich ihr an, dass ihr zum Heulen war. Ich nahm ihre Hände und drückte sie an mich, als wollte ich ihr sagen: »Ich fühle mit dir.«

Katharina wollte so langsam aufbrechen, auch Andrea hatte keine Lust mehr zu spielen. Ich suchte Manfred, den ich an einem Tisch mit sehr hohen Einsätzen fand. Ich sah ihm an, dass er alles wieder verloren hatte. Verbissen spielte er, bis er keine Jetons mehr vor sich liegen hatte. Bevor Manfred wieder in seinen Geldbeutel greifen konnte, sprach ich ihn an. »Du, hör mal, wir wollen alle nach Hause gehen. Kommst du?«

Manfred drehte sich zu mir um. Er wollte nicht gehen, hatte aber keine andere Möglichkeit, schließlich war heute Katharina gefahren. »Na gut«, sagte er missmutig.

»Wie viel hast du verloren?«, fragte ich ihn.

»Das geht dich nichts an«, schnauzte er mich an.

Ich sagte gar nichts mehr. Offensichtlich war es eine Menge.

Als wir auf dem Weg zum Auto waren, fragte ich ihn leise, woher er denn das ganze Geld zum Spielen hatte.

»Na, von meinem einstigen hohen Gewinn, das waren ja immerhin 50.000 Euro«, meinte er.

»Aber warum machst du so hohe Einsätze? Du könntest doch mit dem Gewinngeld ganz normal weiterspielen. Wenn du so hoch spielst, dauert es nicht lange, bis alles wieder weg ist.«

»Ich habe schon einmal 50.000 Euro gewonnen und das klappt auch wieder«, meinte er. »Aber wenn ich immer nur so Kleinbeträge setze wie du, wird daraus natürlich nichts.«

»Wie du meinst«, antwortete ich resigniert. Ich kam im Moment nicht an ihn ran. Er war natürlich ob des immensen Verlusts an diesem Abend extrem schlecht gelaunt. Ohne ein Wort mit Andrea zu sprechen, setzte er sich in den Fond des Wagens.

Die Heimfahrt verlief recht still. Als Katharina und ich am Abend im Bett lagen, kam das Thema noch einmal auf mein Verhalten im Casino zu sprechen. »Ich war richtig erschrocken«, meinte sie, »so kenne ich dich gar nicht.«

»Weißt du, ich war gerade in einer Gewinnphase. Aber das entschuldigt natürlich mein Benehmen dir gegenüber nicht.«

»Ich möchte nicht mehr zusammen mit Andrea und Manfred ins Casino fahren. Bestimmt beeinflusste dich das Verhalten von Manfred. Er wird ja auch immer so aggressiv, wenn er spielt.«

Ich entschuldigte mich noch einmal bei ihr. »Es tut mir sehr leid.«

»Nun gut«, meinte Katharina. »Ich habe auch selbst überreagiert, weil mich mein Verlust geärgert hat, es ist alles wieder gut. Was war denn mit Manfred los? Ich meine, er spielte so aggressiv und hörte nicht auf zu setzen, obwohl wir alle los wollten. Und dann hat er dich so angeschnauzt. Ich dachte, ihr wärt gut befreundet?«

»Er hat einfach viel Geld verloren«, antwortete ich ihr.

»Aber Andrea meint, dass er sich sehr verändert hätte.«

»Ja, das stimmt«, pflichtete ich ihr bei. »Ich denke, er ist spielsüchtig.« Ich zuckte mit der Schulter. »Aber ich habe keine Ahnung, wie ich ihn davon abbringen kann.«

»Wissen denn seine Eltern davon?«, fragte Katharina.

»Sicherlich wissen sie, dass er spielsüchtig ist. Doch wenn sie ihn drauf ansprechen, dann macht er dicht. Seine Mutter wollte mit ihm ja mal zur Suchtberatung. Da hättest du ihn mal erleben sollen.«

»Aber ist es dann nicht falsch von uns, ständig mit ihm ins Casino zu fahren?«

»Ich weiß nicht. Wenn wir nicht mitfahren, dann fährt er eben alleine. Es macht also keinen Unterschied.«

Ich wusste wirklich nicht, wie ich meinen Freund von der Spielerei abbringen konnte. Ich nahm mir vor, mal mit ihm zu reden. Vielleicht würde ich ein wenig zu ihm durchdringen.

Später lag ich noch lange wach im Bett und konnte nicht einschlafen. Ich hatte das Gefühl, versagt zu haben, trotz meines Gewinnes. Wie oft hatte ich mir vorgenommen, aufzuhören, sobald ich einen kleinen Gewinn hatte. Ich ärgerte mich über mich selbst, darüber, mal wieder Geld verloren zu haben, obwohl ich es vorher gewonnen hatte. Ich ärgerte mich, überhaupt ins Casino gefahren zu sein. Wie oft hatte ich mir vorgenommen, einfach gar nicht mehr zu spielen. Aber immer schlug ich meine eigenen Vorsätze in den Wind. Wenn der Spielteufel mich gepackt hatte, kam die Quittung oft hinterher. Es war einfacher, gute Ratschläge zu erteilen, als sie selber zu befolgen. *Ich muss mich selbst mehr kontrollieren*, mit diesem Gedanken schlief ich schließlich ein.

*

Die Planungen zu unserer anstehenden Verlobungsfeier liefen auf Hochtouren. »An Silvester um 18 Uhr treffen wir uns alle zum Essen, den Tisch für acht Personen haben wir in einem guten Hotel bestellt«, erinnerte uns Katharinas Mutter. »Danach gehen wir zu uns nach Hause und feiern weiter. Es soll ja doch eine schöne Verlobung werden.«

»Ja«, pflichtete ihr Vater bei. »Für unsere einzige Tochter soll es ein unvergesslicher Tag werden. Wir sind auch mit deiner Wahl des Bräutigams sehr zufrieden.« Er zwinkerte uns zu. Dieses Lob freute mich ganz besonders.

Nach dem Frühstück fuhren wir in ein Möbelhaus. Wir wollten uns ein neues Bett kaufen, ein breiteres. Auf Dauer war das schmale Bett von Katharina einfach zu klein. Nicht, dass ich etwas dagegen gehabt hätte, immer ganz eng umschlungen mit meiner zukünftigen Verlobten zu schlafen, doch sobald sich einer von uns umdrehte, wachte der andere auf. Morgens waren wir dann meist wie gerädert.

Wir schlenderten durch die entsprechende Abteilung des Möbelladens. Vor einem Bett blieb ich stehen, das mir schon von Weitem aufgefallen war. »Wie wäre es mit diesem hier?«, fragte ich sie.

»Ich weiß nicht.« Katharina konnte sich nicht so richtig begeistern, dabei schaute sie auch auf den Preis. »Komm, wir schauen noch einmal durch, vielleicht finden wir etwas, das uns beiden gefällt?«

Ich schlug vor, erst einmal etwas essen zu gehen. »Danach sehen wir bestimmt viel klarer.«

Katharina nickte. »Wenn wir das Bett kaufen, brauchen wir kein neues, wenn wir heiraten.«

Ich konnte nur schmunzeln: »Wir sind noch nicht verlobt und du denkst schon ans Heiraten?«

»Ja, ich denke halt praktisch«, antwortete sie.

Wir kicherten beide und ich nahm Katharina in den Arm.

Nach dem Essen gingen wir noch einmal in die Schlafzimmerabteilung und schauten uns das Bett ganz genau an. Es blieb dabei, wir bestellten es. Laut Angaben des Verkäufers war mit einer Lieferfrist von acht Wochen zu rechnen. Beim Preis konnten wir einen Nachlass von 15 % aushandeln, trotzdem kostete das Bett immer noch 3.500 Euro. Es war nicht gerade ein Schnäppchen. Mit dem guten Gefühl, etwa 600 Euro heruntergehandelt zu haben, machten wir uns auf dem Heimweg.

Zu Hause bei Katharina sahen uns ihre Eltern schon an, dass wir erfolgreich gewesen waren. »Na, habt ihr ein schönes Bett ausgesucht?«, fragte ihre Mutter.

Katharina strahlte: »Ja, es ist wirklich schön und vor allem schön groß.«

Wir unterhielten uns noch über alles Mögliche, dabei kam zum wiederholten Mal das Angebot von Katharinas Vater, dass ich doch in seinem Betrieb arbeiten könnte. Katharina war regelrecht begeistert: »Das wäre gut, dann wären wir immer zusammen.« Dabei hielt sie meine Hand.

Ich antwortete nur ausweichend. Es war nicht so, dass ich das nicht wollte. Doch ich hatte Bedenken, wenn ich Katharina jede Minute des Tages sehen würde. Würden wir uns irgendwann nicht auf den Geist gehen? Natürlich waren wir jetzt frisch verliebt und konnten nicht genug voneinander haben, doch das änderte sich bestimmt, und ganz besonders, wenn wir uns auch noch an der Arbeit sähen. Zudem war ich mit meiner Arbeitsstelle mehr als zufrieden. Ich hatte in dem Betrieb gelernt, hatte ein fabelhaftes Verhältnis mit meinem Chef und wollte ihn nicht hängen lassen. Enttäuscht meinte Katharina: »Ich denke, wir lieben uns, warum weichst du immer wieder aus, gib endlich eine klare Antwort!«

Ich wurde richtig verlegen und sagte: »Der Tag verlief so harmonisch, lass mir doch noch ein bisschen Zeit. Ich werde euch meine Entscheidung rechtzeitig mitteilen. Außerdem hat das mit unserer Liebe nichts zu tun.«

»Na gut«, sagte Katharina. »Aber trotzdem würde ich mich sehr freuen, wenn du dich für unseren Betrieb entscheiden würdest.«

Ich lächelte sie an und gab ihr einen Kuss.

Wir gingen in Katharinas Wohnung. Wir lachten und alberten herum, auf einmal standen wir beide in der Dusche. Während das Wasser auf uns herunterplätscherte, kamen wir uns sehr nahe, bis wir eins waren. Auch nach dem Duschen fanden wir kein Ende. Irgendwann schliefen wir völlig erschöpft Arm in Arm ein.

Manfred fuhr an diesem Abend alleine ins Casino. Diesen schrecklichen letzten Abend, an dem er so viel verloren hatte, wollte er einfach nur vergessen. Er setzte sich an einen Roulettetisch, tauschte sein Bargeld in Jetons und begann zu spielen. Er setzte immer nur auf eine Zahl. Bei 36 Zahlen und der Null lag die Wahrscheinlichkeit zu gewinnen bei 97 Prozent. Nur musste die Zahl auch mal kommen. Manfred hatte Glück, nach einiger Zeit kam seine Zahl. Er gewann 1.750 Euro bei 50 Euro Einsatz, den er auch wiederbekam. Doch er hörte nicht auf, sondern spielte weiter. Diesmal setzte er auf eine andere Zahl. Auch diese kam, diesmal nach relativ kurzer Zeit, und so gewann er noch einmal 1.750 Euro plus Einsatz. Danach packte er seine Jetons zusammen, tauschte sie an der Kasse um und fuhr mit einem euphorischen Glücksgefühl nach Hause.

Katharina kam auf die Idee, im Internet unsere bevorzugte Spielbank aufzurufen und sich die Permanenzen anzuschauen. Dabei handelte es sich um die Reihenfolge der gefallenen Zahlen. Ich ließ sie nicht in Ruhe, neckte sie, umarmte sie von hinten und knabberte an ihrem Ohrläppchen. »Was machst du da?«, fragte ich sie.

»Wir wollen doch mal sehen, ob wir Tipps fürs Roulettespielen finden.«

Ich kannte mich nicht gut genug mit Computern und dem Internet aus, aber Katharina hatte im Nu die Spielbank aufgerufen und sich alle Permanenzen vom letzten Tag oder Monat gelistet. Meine Küsse wanderten ihren Hals entlang. So in ihrer Internetrecherche gestört, packte sie mich am Arm und fragte: »War gestern Nacht nicht genug?« Dabei lächelte sie verschmitzt.

Ich spielte ihr einen kleinen Trotzkopf vor und genoss es, wenn sie immer wieder zu mir schaute, dabei verzog ich aber keine Miene. Nach einer Weile stand sie vor mir. Auf diesen Augenblick hatte ich gewartet und ich zog sie an mich. Jede Gegenwehr verlief erfolglos, es gab keine Chance, sich von mir zu befreien. Ihr Prostest wurde mit einem Kuss belohnt. Beim Loslassen prasselte ein Trommelfeuer mit ihren Fäusten auf meinen Brustkorb, was mich amüsierte. »Es hat doch gar keinen Zweck, im Computer etwas zu suchen, du findest nichts. Meinst du, andere Spieler sind nicht auch schon auf die Idee gekommen? Auch Bücher übers Roulettespiel sind nur da, um den Leuten das Geld aus der Tasche zu ziehen. Es ist ein Glücksspiel für den Spieler, sonst nichts.«

»Glaubst du, das Casino gewinnt jeden Abend?«, fragte sie mich.

»Den einzigen Rat, den ich dir geben kann, ist, aufzuhören nach einem Gewinn, auch wenn er noch so klein ist. Das setzt aber auch voraus, mit größeren Jetons zu spielen. Wie Andrea spielt, ist richtig, bis jetzt hat sie noch nie verloren, aber auch keine größeren Gewinne gemacht. Ein Casino ohne Risiko gibt es nicht.«

»Meinst du das wirklich?«

»Ja, das ist mein voller Ernst. Roulettespiel ist ein Glücksspiel und man kann leicht den Überblick während des Spiels verlieren. Die Permanenzen sind schön und gut, bringen uns aber rein gar nichts. Man muss sich einfach im Griff haben, und wenn man das nicht hat, sollte man so schnell wie möglich die Handbremse ziehen, sonst ist es zu spät.«

Katharina schaute mich nachdenklich an. »Dieser Nervenkitzel, wenn ich gesetzt habe und die Kugel rollt, da schießt bei mir das Adrenalin nach oben. Das ist ein tolles Gefühl.«

»Aber sicher lässt das Gefühl nach, wenn der Croupier deinen Einsatz einkassiert, oder?«, gab ich trocken zurück.

Da musste sie mir recht geben. »Aber was wollen wir denn heute Abend unternehmen?«, fragte sie mich.

»Wie wäre es, wenn wir einfach mal zu Hause bleiben und Fernsehen schauen. Einfach mal einen gemütlichen Abend zu zweit verbringen?«

Sie war einverstanden. Mit einer Flasche Prosecco und zusammen unter einer Decke eingekuschelt verbrachten wir den Abend vor dem Fernseher.

Am nächsten Tag traf ich mich mit Manfred. Ich wollte mit ihm über das Roulettespielen sprechen. Nachdem wir uns eine Flasche Bier bestellt hatten, setzten wir uns an einen Tisch in der Ecke der Kneipe. Es war noch nicht sehr voll, sodass wir uns gut unterhalten konnten. »Manfred, ich glaube, wir müssen das mit dem Roulette sein lassen.«

»Wie kommst du denn darauf?«, fragte er mich erstaunt.

»Weil ich mich nicht im Griff habe. Ich spiele weiter, obwohl ich mir vorher ein Limit gesetzt habe. Ich habe wirklich Angst, spielsüchtig zu werden. Außerdem habe ich beim letzten Mal meine Freundin total aggressiv angegangen, und das nur, weil ich nicht aufhören wollte. Es lief halt gerade so gut.«

»Ich denke, du übertreibst.« Manfred nahm noch einen Schluck von seinem Bier und stellte es dann wieder zurück auf den Tisch.

»Du bist doch auch immer total aggressiv, wenn es nicht so läuft oder wenn ich gehen will und du gerade eine Glücksphase hast. Das kannst du mir doch nicht weismachen wollen, dass es bei dir nicht so ist.«

Manfred schüttelte seinen Kopf. »Ich bin nicht spielsüchtig und ich kann auch aufhören, wenn ich gewonnen habe.«

Offensichtlich war mit ihm nicht zu reden. Er wollte es nicht einsehen. »Aber auch deine Eltern sind der Meinung, dass du schon spielsüchtig bist", versuchte ich es noch einmal. „Manfred, wir müssen damit aufhören.«
»Du redest schon wie meine Eltern. Haben sie dich angerufen, oder was?«
»Nein, natürlich nicht.«
»Dann sei doch auch nicht so spießig. Ich spiele doch auch nur mit dem Geld, das ich im Casino gewonnen habe. Das wird doch wohl erlaubt sein.«
»Aber auch Andrea meint, dass du dich verändert hättest.« Manfred runzelte die Stirn. »So, sagt sie das?«
»Ja«, antwortete ich ihm.
»Ich habe mein Spiel unter Kontrolle. Ich weiß, was ich mache«, sagte Manfred, und damit war das Thema beendet.

Als ich mich mit Katharina traf, fragte sie mich, ob wir dieses Jahr noch einmal ins Casino fahren könnten. Im nächsten Jahr, so hatten wir beschlossen, wollten wir die Casinobesuche drastisch reduzieren, zumal wir, insbesondere Katharina, eh keine Zeit mehr dafür haben würden. »Sozusagen ein Abschlussspiel«, quengelte sie.

»Aber ich wollte doch aufhören damit«, versuchte ich, sie davon abzubringen.

»Was kann denn schon groß passieren? Wir nehmen nur einen bestimmten Betrag mit, den wir, wenn wir Pech haben, verspielen. Das muss uns von vorneherein klar sein. Aber vielleicht gewinnen wir ja auch? Ach komm schon, Jürgen, nur noch ein letztes Mal. Bitte?«

Ich konnte meiner Freundin ihre Bitte nicht abschlagen. »Na gut, ein letztes Mal«, gab ich klein bei.

»Dann ruf ich jetzt Andrea an und frage, ob die beiden auch mitkommen wollen.«

»Ich dachte, wir wollten Manfred nicht dazu verleiten?

»Es ist doch nur noch einmal für das Abschlussspiel. Und außerdem hast du doch gesagt, wäre es egal, denn er würde sowieso ins Casino gehen, ob mit uns oder ohne uns.«

Ich nickte. Was hätte ich auch machen sollen. Andrea und Manfred waren natürlich sofort einverstanden und gleich hellauf begeistert. Die beiden brauchte man wirklich nicht zweimal bitten. Wir verabredeten uns für 17 Uhr. Manfred sollte fahren, da Katharinas Vater sein Auto an diesem Abend brauchte. Katharinas Vater war alles andere als begeistert.

»Lass uns doch den Spaß«, meinte Katharina. »Wir spielen doch nur mit dem Geld, das wir bei den letzten Besuchen gewonnen haben.«

»Na dann viel Spaß, ihr werdet schon sehen, wer auf die Dauer gewinnt, das ist übrigens seit 200 Jahren die Spielbank!«

Pünktlich um 17 Uhr kamen Manfred und Andrea zu Katharina gefahren. Wir stiegen in den Fond des Golfs ein, und während wir uns anschnallten, fuhr Manfred schon los. Als wir auf der Autobahn waren, fing Manfred an, mir zu erklären, wie er spielen wollte. Ich war ganz still, denn ich hatte keine Lust, mit Manfred zu streiten. »Wir machen es wie das letzte Mal«, meinte Katharina, »auch wenn es nicht zum Erfolg führt.«

Andrea unterbrach die Unterhaltung und lenkte das Gespräch auf den Einkaufsbummel am Vormittag. »Hat es denn deinen Eltern gefallen, was du dir gekauft hast, Katharina?«

»Du kannst dir ja vorstellen«, antwortete sie, »sie waren auf Anhieb begeistert.«

»Mir hast du es aber nicht gezeigt«, warf ich ein.

Katharina streichelte mir von hinten über den Kopf: »Das ist eine Überraschung. Außerdem sollst du nicht so neugierig sein.«

Ich lachte in mich hinein. Bei solchen kleinen Sticheleien verging die Fahrt wie im Fluge. Auch war ich froh, nichts mehr über Roulettesysteme hören zu müssen.

Als wir ins Casino hineingingen, ermahnte Katharina mich, nicht sofort zu spielen, sondern erst einmal in Ruhe alles zu überblicken. Manfred war, nachdem er im Spielsaal war, nicht mehr zu halten. Er tauschte 1.000 Euro in 20er-Jetons und fing sofort an zu spielen. Die ersten drei Spiele verlor er. Er spielte riskant auf eine Zahl 3/3, das bedeutete, bei einer 30 würden die Zahlen 10, 23, 8, 30, 11, 36 und 13 gewinnen. Die anderen zwei Spiele machte er auf die gleiche Art, setzte nur auf andere Zahlen. Dabei verlor er pro Spiel 140 Euro, also insgesamt 420 Euro. Noch war Manfred die Ruhe selbst, der Verlust hatte ihn – bis jetzt – noch nicht aufgeregt. Doch nur ein Spiel später kam eine Zahl in 30 3/3. Hätte er nicht auf eine andere Zahl gesetzt, dann hätte er gewonnen gehabt. Das ärgerte ihn maßlos, weil er sich zu Beginn vorgenommen hatte, immer eine Zahl mindestens fünfmal hintereinander zu spielen.

Wir bekamen von alldem nichts mit, denn wir beobachteten den Lauf der Kugel an verschiedenen Tischen. Nach einer Weile tauschten wir die ersten 500 Euro in 10er-Jetons um. Am Anfang ging es uns nicht besser als Manfred. In drei Spielen verloren wir 210 Euro. »Lass uns an verschiedenen Tischen spielen«, machte ich den Vorschlag, doch Katharina wollte, dass wir zusammenblieben.

Mittlerweile hatte Manfred etwas mehr Glück, aber ein größerer Erfolg ließ auf sich warten. Seinen Verlust hatte er zurückgewonnen plus 100 Euro Gewinn.

Andrea setzte ab und zu mal 10 Euro auf Rot oder Schwarz, dabei konnte sie nicht viel verlieren, aber auch nicht viel gewinnen. Katharina und ich hatten wenig Glück, gewannen, dann verloren wir wieder alles. Wir hatten gemeinsam schon zwei 500-Euro-Scheine verloren. Mein Gesicht wurde immer finsterer, das Geld rann mir nur so durch die Finger. Auch Katharinas Gesicht wurde immer blasser. Nach zwei Stunden hatten wir jeder 1.500 Euro verspielt. Bis jetzt lief es an diesem Abend schlecht für uns, außer für Andrea, die hatte 100 Euro gewonnen. Sie nahm ihre Jetons und tauschte sie gegen Bargeld ein.

Wir versuchten unser Glück jetzt doch getrennt, nur fanden wir es nicht. Ich wechselte ständig die Spieltische und wurde immer nervöser. Bei den vergangenen Casinobesuchen hatte ich fast immer nur an einem Tisch gespielt. Heute ging einfach alles daneben.

Katharina kam nach einer gewissen Zeit zu mir und wollte wissen, ob ich inzwischen mehr Glück gehabt hatte. Ich schaute sie an und schüttelte mit dem Kopf: »Ich habe fast mein ganzes Geld verspielt.«

»Mir geht es nicht besser«, erwiderte Katharina, »bis jetzt habe ich 2.500 Euro verloren. Wir sollten aufhören.« Aber das Spiel nahm uns so gefangen, dass wir unser letztes Geld nahmen, um weiterzuspielen.

Anders erging es auch Manfred nicht, er hatte in der Zeit schon über 3.000 Euro verloren. Als Andrea ihn aufforderte, doch für heute mit dem Spielen aufzuhören, hörte er gar nicht hin. Andrea wurde sauer, als sie merkte, dass Manfred gar nicht auf ihren Vorschlag reagierte. Sie machte sich auf die Suche nach uns. Doch auch wir waren nicht besser gelaunt.

Nach noch einmal zwei Stunden hatten wir das ganze Geld verloren, nur Andrea hatte noch ihre 100 Euro. An diesem Abend waren unsere Gesichter von Enttäuschung gezeichnet. Andrea meinte, dass wir doch noch etwas trinken gehen könnten, aber wir hatten kein Geld mehr, noch nicht einmal 10 Euro. Also gab uns Andrea einen aus. Doch die Stimmung blieb angespannt. Es war kein gemütliches Zusammensitzen. Im Nu war alles ausgetrunken. Jeder wollte so schnell wie möglich nach Hause, selbst Andrea, die die schlechte Stimmung nicht länger ertragen konnte. Auf dem Parkplatz streckte Andrea die Hand aus und sagte zu Manfred: »Gib mir den Autoschlüssel, ich möchte gesund nach Hause kommen!«

Manfred sagte kein Wort und gab ihr den Schlüssel. Die ersten Kilometer war es totenstill im Auto. Niemand sprach auch nur ein Wort. Selbst Katharina, die sonst immer ein Gespräch anfing, hatte es die Sprache verschlagen. Sie lehnte nur ihren Kopf an meine Schulter und ab und zu liefen bei ihr ein paar Tränen. Ich versuchte, sie zu trösten, dabei wischte ich ihr immer wieder ihre Tränen aus dem Gesicht. Für Andrea war die Ruhe unangenehm, auf halber Strecke versuchte sie, ein Gespräch mit Katharina anzufangen. »Wie viel hast du denn verloren?«

Katharina wollte erst nicht antworten, aber ich ermutigte sie zu antworten, denn verloren war verloren, da konnte man auch dazu stehen.

Noch geschockt von dem Abend antwortete Katharina mit fast unhörbarer Stimme: »3.500 Euro.«

Der Verlust von Manfred lag bei 5.000 Euro. Mein Verlust belief sich auf 3.000 Euro. Wir rechneten zusammen und kamen dabei auf einen Gesamtverlust von 11.500 Euro. So etwas tat weh!

Als Andrea den anderen einen Ratschlag geben wollte, wie man am besten spielte, fiel ihr Manfred ins Wort: »Du mit deinen 10er-Jetons.«

»Ist doch egal«, erwiderte Andrea leicht pikiert, »aber ich habe wenigstens gewonnen.«

Der Rest der Heimfahrt verlief schweigend. Jeder hing seinen Gedanken nach. Andrea ließ uns vor Katharinas Haus raus. »Wir sehen uns dann auf der Verlobungsfeier«, verabschiedete sie sich durch das geöffnete Fenster. »Bis dahin habt ihr hoffentlich wieder bessere Laune.«

Katharina ließ ein verhaltenes Grinsen sehen und winkte ihrer Freundin hinterher, die schon losgefahren war. Wir stiegen in das alte Auto von Katharina ein und sie brachte mich nach Hause. Eine Weile saßen wir noch im Wagen, dabei sprachen wir noch einmal über unser Versagen: »Weißt du, mein Schatz«, begann ich, »wir haben alles verkehrt gemacht, was verkehrt zu machen ist. Jetzt hast du selbst gesehen, wie schnell alle guten Vorsätze über den Haufen geworfen werden.«

Sie nickte.

Um Katharina etwas zu beruhigen, machte ich ihr den Vorschlag, dass wir in Zukunft nicht mehr auf Zahlen spielen würden, sondern nur noch auf einfache Chancen, auch wenn die Gewinnerwartung nicht so hoch wäre.

Sie antwortete nur: »Das muss ich alles erst einmal verdauen. Es kommt ganz alleine auf jeden selbst an.«

Ich gab ihr einen Kuss, weil ich merkte, dass sie jetzt alleine sein wollte. »Wir telefonieren morgen früh.«

Sie nickte und startete den Wagen.

*

Als Katharina am nächsten Morgen in die Küche kam, sah ihr ihre Mutter sofort an, dass etwas passiert sein musste.
»Hast du dich mit Jürgen gestritten?«
»Nein, das nicht.« Sie setzte sich an den Küchentisch und schenkte sich erst einmal eine dampfende Tasse Kaffee ein. Ihre Mutter setzte sich neben sie. Ihr Vater, der schon am Tisch gesessen hatte, legte seine Zeitung beiseite und schaute seine Tochter fragend an.
Katharina erzählte ihren Eltern, was am gestrigen Abend im Casino passiert war. »Das Geld ist ja nicht das Schlimmste, sondern dass ich die Kontrolle verloren habe. Ich hätte nach 500 Euro Verlust aufhören müssen.«
Ihr Vater sagte nur: »Da kann ich dir auch keinen Rat geben, außer dem, dass du nicht zu viel Geld mitnimmst. Auch kleine Gewinne sind Gewinne! Man kann sich auch mit kleinen Beträgen zufriedengeben, so wie Andrea, die hat bestimmt gut geschlafen, das nenne ich Stärke.«
»Ja, da hast du recht«, gab Katharina kleinlaut zu.
»Ich habe nichts dagegen, wenn ihr mal ins Casino geht, aber stellt es nicht in den Mittelpunkt eures Lebens, sonst werdet ihr süchtig und verliert alles. Spielt einfache Chancen, gebt euch mit kleinen Gewinnen zufrieden und habt Spaß dabei. Glaube nur nicht, wir wären nie im Casino gewesen, als wir jung waren. Auch wir haben gewonnen und verloren, mit der Zeit haben wir aber eingesehen, dass nur die Bank gewinnt.«
Katharinas Gesicht entspannte sich und sie bemerkte: »Da wolltest du wohl auch reich werden, was?« Sie ging zu ihrem Vater und umarmte ihn.
»Jetzt ist aber mal Schluss mit den negativen Gedanken«, warf ihre Mutter ein, »schließlich ist heute eure Verlobung.«
Katharina grinste. »Du hast ja recht, Mama.«

Gegen 9 Uhr kam Katharina zu mir. Meine Mutter freute sich sehr, sie zu sehen. Ich hatte ihr schon alles zum gestrigen Casinobesuch gebeichtet, doch Katharina erzählte es ihr noch einmal. »Ich hoffe, das war euch eine Lehre«, meinte meine Mutter.

»Für mich auf jeden Fall«, antwortete Katharina.

Auch ich nickte.

Wir verabschiedeten uns und gingen in mein Zimmer.

»Geht es dir wirklich gut?«, fragte sie mich.

»Aber ja, alles in Ordnung.«

»Wie kannst du den Verlust von gestern Abend so schnell wegstecken?«

»Was soll ich mich darüber aufregen? Weg ist weg. Außerdem war es ja nur gewonnenes Geld.«

Katharina schüttelte den Kopf. »Das ist doch egal. Das gewonnene Geld hätte bei dir bleiben sollen.«

Ich nahm sie in den Arm. In Wirklichkeit hatte ich innerlich noch schwer damit zu kämpfen, dass wir, obwohl wir uns vorgenommen hatten, aufzuhören, wenn nichts gewonnen würde, selbst wenn wir noch Geld zum Weiterspielen hatten, weitergespielt hatten. Wenn wir unsere Abmachung eingehalten hätten, erst dann hätten wir Stärke bewiesen. Aber es brachte jetzt wirklich nichts, sich darüber den Kopf zu zerbrechen. Wir mussten an den Abend denken, an unsere Verlobung. »Ich muss noch zum Friseur und zur Kosmetikerin«, meinte Katharina. »Ich will doch heute Abend gut aussehen.«

Ich zog sie an mich. »Du siehst auch jetzt gut aus.«

Sie grinste, entzog sich aber meinen Zärtlichkeiten und sagte nur: »Ich muss jetzt wirklich los. Wenn du nicht mit zum Friseur kommen willst, dann musst du mich jetzt loslassen.«

Das wollte ich ganz bestimmt nicht. Ich ließ sie los, nicht ohne ihr noch einen flüchtigen Kuss auf ihre Nasenspitze aufzudrücken. »Wir sehen uns dann heute Abend.«

Gegen 15 Uhr kam Katharina nach Hause, wo ihre Eltern sie schon mit einer Tasse Kaffee und einem Stück Kuchen erwarteten. »Schön siehst du aus«, bemerkte ihre Mutter. Katharina strahlte über das ganze Gesicht. »In fachlichem Bereich hat mich Jürgen überrascht mit seinem Wissen«, sagte ihr Vater, während er die heiße Tasse an seinen Mund führte und einen Schluck nahm. »Das imponiert mir. Aber eines habe ich bei ihm festgestellt: Er ist leicht zu beeinflussen. Bei dir, Katharina, ist er gut aufgehoben, wir sehen eurer Zukunft positiv entgegen.«

Katharina nickte nur und biss in die Nussecke, die auf ihrem Teller lag. »Das habe ich auch schon bemerkt, aber er ist sehr lieb und verständnisvoll.«

Plötzlich klingelte ihr Handy. »Das kannst nur du sein, mein Schatz«, war das Erste, was Katharina sagte, als sie dranging. Sie biss noch einmal in die Nussecke und trank den letzten Schluck Kaffee aus, dann lief sie in ihre Wohnung.

»Hoffentlich ist es bald Abend, ohne dich ist der Tag richtig langweilig.«

Katharina lachte. »Das geht mir genauso«, antwortete sie. »Ich habe übrigens Andrea beim Friseur getroffen. Sie wird nicht mehr lange mit Manfred zusammenbleiben, er ist nicht der Richtige. Zu dieser Überzeugung ist sie gestern Nacht gekommen. Sobald sie einen anderen Mann kennenlernt, macht sie Schluss.«

»Wow, das sollten wir auf keinen Fall Manfred stecken«, meinte ich.

»Nein, bloß nicht. Wir sollten uns da nicht einmischen.«

»Na gut, hast du dich schon hübsch für nachher gemacht«, fragte ich.

»Nein, aber ich werde mich jetzt umziehen. Wir sehen uns ja gleich im Hotel.«

»Ich freue mich auf dich.«

Katharinas Mutter mahnte kurz nach 17 Uhr, dass sich doch bitte alle ein bisschen dranhalten sollten. »Wir wollen doch nicht die Letzten sein.«

Kurze Zeit später saßen alle im Auto. Auf der Fahrt zum Hotel war es ganz still im Wagen, Katharina wurde sichtlich nervöser. Ihre Mutter spendete ein bisschen Trost: »Das ist doch noch keine Hochzeit.«

»Das weiß ich doch«, murmelte Katharina, »aber ich bin trotzdem aufgeregt.«

»Das solltest du auch sein«, sagte ihr Vater und lächelte sie an. »Es ist schließlich ein ganz besonderer Tag.«

Die angemahnte Eile von Katharinas Mutter war unbegründet, sie waren als Erste da. Im festlich dekorierten Empfangsraum standen die verschiedenen Getränke für die Gäste bereit. Als ich Katharina sah, gab es kein Halten mehr, ich umarmte sie und drückte sie fest an mich. Leise sagte ich zu ihr: »Du wirst ja immer hübscher, mein Schatz.«

Katharina war nervös, ihr Herz klopfte bis zum Hals.

In der Zwischenzeit waren auch Andrea und Manfred eingetroffen. Nachdem wir im Empfangsraum etwas getrunken hatten, ging es zusammen an den gedeckten Tisch. Eine Tischordnung gab es nicht, Katharinas Eltern und meine Eltern saßen zusammen, wie auch Andrea und Manfred mit uns zusammensaßen. Bevor das Essen aufgetragen wurde, hielt Katharinas Vater als Gastgeber eine kurze Ansprache. Zum Schluss wünschte er allen einen schönen Abend. Wir hielten uns unter dem Tisch an den Händen fest.

Zu essen gab es verschiedene Wildsorten, natürlich nur vom Feinsten. Während des Essens wurde es auf einmal ganz still, keiner sprach. »Wenn es so still ist, gehe ich davon aus, dass euch das Essen schmeckt«, bemerkte Katharinas Vater. Er prostete uns zu und lächelte voller Stolz seine Tochter an.

Nach dem Essen gab es einen hervorragenden Verdauungscognac. Wir saßen noch lange gemütlich beisammen und unterhielten uns angeregt, bis Katharinas Vater zum Aufbruch mahnte. Katharinas Mutter hatte einer Freundin die Schlüssel für das Haus überlassen, damit alles vorbereitet war, wenn wir nach Hause kämen. Schon von Weitem konnten wir sehen, dass alles hell erleuchtet war. Nachdem wir uns aus den Mänteln geschält hatten, rieben wir uns erst einmal die Hände, es war doch bitterkalt. Scherzhaft meinte meine Mutter zu Katharina: »Ihr hätte ja auch noch warten können bis zum Sommer, da wäre es wärmer gewesen.« Sie zwinkerte ihr zu und nahm sie in den Arm.

Nach einem Willkommensdrink stand auch mein Vater Norbert auf, um eine paar Worte zu sprechen. »Nicht nur ich, sondern auch meine Frau Irene haben Katharina gleich in unser Herz geschlossen«, sagte mein Vater. »Sie ist uns immer herzlich willkommen.« Dabei hob er sein Glas in die Höhe und prostete uns allen zu.

Von meinen Eltern, auch von Andrea und Manfred, wurden wir beschenkt. Katharina war bis aufs Äußerste gespannt, was ihre Eltern sich ausgedacht hatten. Sie hatte so eine Vermutung. Da sie seit einiger Zeit die Garage nicht mehr benutzen durfte, weil angeblich ein ominöses Gerüst dort eingelagert werden sollte, könnte es vielleicht ein neues Auto sein. Als Katharina zu ihren Eltern schaute, sagte ihr Vater: »Wir haben das Verlobungsessen bezahlt, es gibt sonst nichts.«

Die Enttäuschung war Katharina anzusehen, bis ihre Mutter sagte: »Mach es nicht zu spannend, zeig endlich Katharina die Überraschung.«

Ihr Vater nahm Katharina am Arm und hakte sich bei ihr ein. »Nimm Jürgen mit, ich will euch etwas zeigen.«

Wir gingen vor die Tür und liefen in Richtung der Garage. Katharina ahnte schon etwas. »Es ist doch nicht etwa ein neues Auto?«

Ihr Vater lächelte nur und schloss die Garage auf. Vor Staunen blieb ihr fast das Herz stehen, als sie das neue Auto sah. Dabei merkte sie nicht, dass es ein Cabrio war. Sie fiel ihrem Vater um den Hals und küsste ihn ununterbrochen, wie sie es früher als Kind immer getan hatte, wenn ihr ein Wunsch erfüllt wurde. »Jetzt ist es genug, schau dir lieber mal das Auto richtig an.«

Ihr Herz hörte nicht auf zu klopfen, es war dem Zerspringen nahe, als sie die Schlüssel überreicht bekam. Katharinas

119

Hände zitterten so sehr, dass ich ihr den Schlüssel aus der Hand nahm. Wir setzten uns in ihr neues Auto. »Schau«, sagte ich zu ihr, »es ist ein Cabrio.« Ich deutete auf das Dach.
»Was? Ein Cabrio? Oh Wahnsinn.« Sie stieg wieder aus und fiel ihrem Vater nochmals um den Hals. »Zeigst du mir, wie man das Verdeck öffnet?«, fragte sie ihn.
Er drückte sie ganz fest an sich und sagte: »Aber klar, mein Schatz.« Nach einer Weile meinte ihr Vater: »Kommt, wir müssen wieder zu unseren Gästen.«
In der Wohnung ging Katharina zu ihrer Mutter Brigitte, legte ihre Hände um ihren Hals und drückte sie fest an sich. »Danke«, flüsterte sie in ihr Ohr.
Diese Überraschung war gelungen. Vater Bernhard lobte seine Tochter: »Du hast uns in unserem Leben nur Freude gemacht, warst immer fleißig, hast die Meisterprüfung abgelegt, heute hast du dich mit Jürgen verlobt, den wir auch ins Herz geschlossen haben. Das ist ein kleines Dankeschön von uns, da du ja auch mit deinem Abitur hättest studieren können. Aber du hast dich für unseren Familienbetrieb entschieden.«
Katharina war ganz rot im Gesicht. Nun kam der Höhepunkt der Feier. Wir steckten uns unsere Ringe an den Finger, um unsere Verlobung zu besiegeln. Anschließend küsste ich sie.
Die Feierlichkeiten gingen feuchtfröhlich weiter. Eine ausgelassene Stimmung herrschte. Langsam wurde es Mitternacht. Zeit fürs Feuerwerk. Manfred und ich hatten uns den Luxus erlaubt und ein paar Raketen und Feuerwerksbatterien gekauft. Es sollte ein furioses Feuerwerk zum Jahresabschluss und anlässlich unserer Verlobung werden. Ausgerechnet der heutige Abend war bitterkalt. Während wir mit dem Feuerwerk beschäftigt waren, nahm Katharina ihre Freundin bei der Hand. »Komm, ich zeig dir mal, was meine Eltern mir geschenkt haben.«
Andrea sah sich das Auto an, dabei kam doch ein kleines bisschen Neid auf. »Wow«, sagte sie. »Ein solches Geschenk

können mir meine Eltern zur Verlobung nicht machen.« Sie ließ sich ihren Frust jedoch nicht anmerken.

Katharina öffnete das Verdeck und sagte: »Schade, dass es nicht Sommer ist, dann machen wir beide einmal eine Spritztour durch die Rhön.«

Sie setzten sich ins Auto. Andrea begutachtete den Innenraum. »Wirklich ein schönes Auto«, sagte sie zu Katharina.

»Danke.« Katharina strahlte ihre Freundin an. »Du, was den Manfred betrifft, versuch es doch noch mal mit ihm. Vielleicht wird er ja doch noch vernünftig.«

Andrea schüttelte den Kopf. »Ich zweifele daran, sobald ich einen Mann wie Jürgen gefunden habe, dann trenne ich mich von Manfred, dazu habe ich mich entschlossen.«

»Aber ist das nicht auch ein wenig unfair Manfred gegenüber?«

»Wieso denn? Wenn ihm etwas an mir liegt, dann strengt er sich ein bisschen an. Wir wollen mal sehen, wie sich das noch alles entwickelt.«

In der Zwischenzeit hatten Manfred und ich die Vorbereitungen fürs Feuerwerk abgeschlossen. Jetzt standen wir alle zusammen draußen und zählten die Sekunden runter, bis das neue Jahr begann. Wir prosteten uns zu und ich küsste Katharina besonders lang. »Das wird ein schönes Jahr mit meiner Verlobten«, flüsterte ich ihr ins Ohr.

Sie lächelte und erwiderte den Kuss.

Während ich noch mit Katharina im Arm dastand, lief Manfred schon vor und zündete die vorbereiteten Raketen eine nach der anderen an. Es war ein schönes Feuerwerk, das genau eine halbe Stunde dauerte – und 200 Euro gekostet hatte. Katharinas Vater sah dies als Verschwendung an und meinte: »Dafür hättet ihr auch was Nützlicheres kaufen können!«

»Sei nicht so pessimistisch«, antwortete Katharina. »Das ist doch nur in diesem Jahr, weil wir uns verlobt haben.«

»Na gut«, meinte ihr Vater. »Du hast wirklich eine gute Wahl getroffen«, flüsterte er ihr in das Ohr. »Aber du musst zusehen, dass Jürgen noch in diesem Jahr zu uns in den Betrieb wechselt.«

»Ja«, antwortete sie. »Ich werde es versuchen.«

Anschließend ging die Gesellschaft wieder ins Warme zurück. Bei Cognac und Wein feierten wir noch bis tief in die Nacht. Ab vier Uhr morgens wurde es langsam still.

Am nächsten Morgen machten wir nach einem ausgiebigen Frühstück eine Spritztour mit Katharinas neuem Wagen. Dass es Winter war, merkten wir an der grimmigen Kälte. Wir fuhren auf die Wasserkuppe. »Ich würde so gerne einmal ohne Verdeck fahren«, sagte Katharina zu mir. Sie schaute mich verschmitzt an und wollte wissen, was ich davon hielt.

Ich schüttelte nur mit dem Kopf und sagte: »Wie du willst, aber du wirst schon sehen, es ist kalt.«

Katharina steuerte den nächsten Parkplatz an. Mit ein paar Handgriffen öffnete sie die Verriegelung des Verdecks. Dann drückte sie auf den Schalter und schon öffnete sich das Dach vollautomatisch. »Jetzt müssen wir uns aber warm anziehen, die Heizung muss auf Hochtouren laufen«, meinte ich.

Auf einmal fing Katharina an zu lachen: »Ich komme mir vor wie ein kleines Mädchen, das ein neues Spielzeug bekommen hat.«

Ich rückte ganz dich an sie heran und flüsterte: »Das bist du ja auch.«

Ziemlich erfroren – die Heizung brachte nicht sehr viel bei der klirrenden Kälte – kamen wir bei Katharina zu Hause an und nahmen eine heiße Dusche. Während wir uns wieder anzogen, hatte Katharina die Idee, trotz der Pleite vom letzten Mal am nächsten Tag ins Casino zu fahren. »Du musst mir aber versprechen, nicht mehr wie ein Hasardeur zu spielen, mein Schatz, sondern nur auf einfache Chancen, wie wir es uns ausgemacht hatten.« Dabei blickte sie mich mit ihren leuchtenden Augen eindringlich an.

»Das war auch eine Lehre für mich«, erwiderte ich, dachte jedoch anders darüber.
»Du kannst doch mein altes Auto nehmen«, platzte es aus ihr heraus.
»Wenn deine Eltern nichts dagegen haben, soll es mir recht sein.«
»Wollen wir morgen alleine ins Casino fahren?«, fragte Katharina. »Ich meine, wenn wir nur auf einfache Chancen spielen, dann kann uns doch gar nichts passieren?«
Ich zögerte etwas, doch reizen tat es mich auch. Natürlich wollte ich unbedingt ins Casino. Ich wollte so gerne wie Manfred spielen, auf Zahlen setzen und einmal richtig absahnen, wie er. Er spielte noch immer mit dem Geld von seinem hohen Gewinn. Wie viel war es noch gleich gewesen? 50.000 Euro hatte er an dem Abend gewonnen. Doch wenn ich mit Katharina ins Casino ging, musste ich mich wirklich an unsere Abmachung halten.
»Was ist?«, fragte sie mich erneut, als ich noch immer nicht antwortete.
»Na gut«, ließ ich mich überreden. »Dann machen wir das so.«

Am nächsten Tag, als ich zu Katharina kam, nahm mich ihre Mutter zur Begrüßung in den Arm. Das tat gut, so aufgenommen zu werden. Ich fühlte mich wohl bei Katharina zu Hause. Ich setzte mich an den Essenstisch genau neben Katharina. Ihre Mutter hatte uns zum Mittagessen eingeladen und da hatte ich natürlich nicht nein sagen können. Heimlich streichelte ich Katharinas Knie unter dem Tisch, was sie mit einem heißen Blick belohnte. »Was habt ihr denn heute noch vor?«, fragte ihre Mutter.
»Wir fahren erst einmal mit dem neuen Auto durch die Gegend, später sind wir bei Irene und Norbert«, antwortete Katharina.

Nach dem Essen, als wir alleine waren, meinte ich: »Du hast nicht die ganze Wahrheit gesagt vorhin beim Essen. Warum?«

Dabei regte sich das schlechte Gewissen bei Katharina, während sie sich umzog. »Ich werde ihnen, bevor wir gehen, sagen, dass wir ins Casino fahren.«

Ich nickte.

Die Eltern bestaunten einmal mehr ihre hübsche Tochter, als wir ins Wohnzimmer kamen. Katharina ging zu ihrer Mutter, umarmte sie und sagte: »Wir fahren jetzt zu den Schwiegereltern, danach wollen wir unser Glück wieder im Casino versuchen.«

Im ersten Moment wussten ihre Eltern nicht, was sie dazu sagen sollten. Katharinas Vater Bernhard fand als Erster seine Sprache wieder und warnte uns zum wiederholten Mal: »Seid ja vorsichtig, wie schnell artet das zur Sucht aus!«

»Macht euch darüber keine Sorgen«, versuchte Katharina zu beschwichtigen, »wir haben nicht so viel Geld dabei, außerdem haben wir uns vorgenommen, nur auf einfache Chancen zu setzen.«

Als wir im Auto saßen, schaute Katharina mit einem Lächeln zu mir rüber und sagte: »Wie habe ich das wieder hinbekommen?«

Ich grinste nur und streichelte ihre Hand, als sie in den nächsten Gang schaltete. Das Gleiche erzählten wir bei meinen Eltern, die es sich auch nicht nehmen ließen, uns vor der Spielsucht zu warnen.

Für die derzeit herrschenden Winterverhältnisse war die Autobahn gut von Eis und Schnee geräumt, sodass wir zügig vorankamen. Als wir gemeinsam die Stufen zum Casino hinaufgingen, erinnerte mich Katharina noch einmal an unsere Abmachung: »Nur einfache Chancen, Jürgen, vergiss das nicht.«

»Nur einfache Chancen«, wiederholte ich und drückte ihre Hand.

Einige Croupiers, die wir kannten, wünschten uns ein gutes neues Jahr. Wir gingen von einem Tisch zum anderen, um zu sehen, bei welchem wir unser Glück versuchen könnten. Wir bildeten uns ein, anhand der gefallenen einfachen Chancen die nächste vorauszusehen. Was für ein Blödsinn! Eigentlich hätte ich es besser wissen müssen. Nach einmal Rot könnte fünfmal hintereinander Schwarz kommen. Die meisten Spieler orientieren sich daran und setzen wieder auf Schwarz. Wenn dann Rot kommt, gibt es viele lange Gesichter. Auch wir dachten so, fingen an zu spielen und – gewannen. Am Anfang es war nicht viel, aber wir steigerten uns. Ein wohliges Glücksgefühl machte sich in uns breit. Zwar waren es nur bescheidene Gewinne, doch unsere Laune stieg mit jedem kleinen Gewinn.

Katharina ließ mich kurz alleine, um sich frisch zu machen. Sie war noch nicht richtig aus dem Blickfeld verschwunden, da kam bei mir das dringende Bedürfnis auf, Zahlen zu spielen. So setzte ich auf eine Zahl und gewann gleich zweimal hintereinander insgesamt 350 Euro. Als Katharina von der Toilette zurückkam, war ich ganz stolz und zeigte ihr den Gewinn. Anstatt sich darüber zu freuen, war sie richtig enttäuscht. »Du hast nicht Wort gehalten! Du weißt doch, was wir ausgemacht hatten, keine Zahlen!«

Katharina war richtig sauer und sprach in der nächsten Stunde kein Wort mehr mit mir, bis ich mich bei ihr entschuldigte und versprach, dass ich mich nicht mehr dazu hinreißen ließ. Ich hatte einfach die Zahl im Kopf gehabt, obwohl das Spiel vom Croupier schon mit dem Satz:»Nichts geht mehr«, abgesagt worden war. Ich hatte schnell noch drei Zahlen gesetzt, die schließlich als Dublette kamen. Ich nahm mir vor, die Woche noch einmal zusammen mit Manfred ins Casino zu fahren. Nur so konnte ich auch auf Zahlen setzen, nur so war es mir möglich, auch mal höhere Einsätze zu machen, damit auch ich endlich mal eine hübsche Summe gewann. Nur musste ich heimlich von meinem Konto Geld abheben. Wenn Katharina mitbekäme, dass ich mir viel Geld abhob, würde sie den Braten riechen.

Trotz des Zwischenfalls verlief der Abend doch noch harmonisch. Katharina gewann bis zum Schluss etwa 250 Euro. Sie hatte den Willen, aufzuhören, ich dagegen nicht. Ab und zu versuchte ich es noch auf Rot oder Schwarz, was mir jedoch nur Verluste einbrachte. Alles in allem war es doch ein erfolgreicher Abend. Als Abschluss genehmigten wir zwei uns noch einen Drink an der Bar, bevor wir den Heimweg antraten.

Als wir unsere Jetons umgetauscht hatten und wieder im Auto auf der Heimfahrt waren, brachte Katharina noch einmal das Gespräch auf unsere Vereinbarung, die ich im Casino gebrochen hatte. »Weißt du, Jürgen, so geht das nicht. Wenn wir ausmachen, dass wir nur einfache Chancen spielen, dann musst du dich auch daran halten.«

Innerlich verdrehte ich die Augen, antwortete jedoch: »Ja, mein Schatz, du hast ja recht, ich habe einen großen Fehler gemacht. Es wird nicht wieder vorkommen.«

Dabei hatte ich ganz andere Gedanken. Wenn mein Schatz etwas langsamer fuhr, rückte ich ganz dicht an sie heran. Nur schade, dass der Schalthebel dazwischen war, aber es gab immer einen Weg, kleine Zärtlichkeiten auszutauschen. Katharina genoss es, langsam war sie auch nicht mehr sauer auf mich.

»Weißt du«, sagte Katharina irgendwann, »dieses Jahr wird ziemlich anstrengend für mich. Mein Vater will, dass ich ab Montag nur noch im Büro arbeite, ausschließlich für Projekte und Angebote.«

Ich nickte, was hätte ich dazu auch sagen sollen. Das bedeutete für mich, dass ich meine Verlobte immer weniger sehen würde.

»Es wäre schön«, meinte sie, »wenn du in unserem Geschäft arbeiten würdest, dann würden wir uns doch jeden Tag sehen.«

Was das Thema betraf, ließ sie einfach nicht locker. Ausweichend antwortete ich: »Lass uns das alles in Ruhe einmal besprechen. Ich habe mir schon Gedanken darüber gemacht.

Wenn es dir recht ist, könnten wir zum Ende dieses Jahres oder Anfang nächsten Jahres heiraten. Was meinst du?«

Katharinas Augen begannen zu leuchten, als ich das erste Mal von Heirat sprach. Der Zwischenfall im Casino war in diesem Moment vergessen. »Aber ja«, antwortete sie strahlend. Als wir zu Hause ankamen, hatten wir nichts Eiligeres zu tun, als ins Bett zu kommen.

Der Sonntagmorgen verlief eigentlich wie jeder Sonntag. Wir blieben lange im Bett liegen und verwöhnten uns gegenseitig mit Küssen. Weder Katharina noch ich wollten das warme kuschelige Bett verlassen. Doch irgendwann mussten wir aufstehen. Wir frühstückten eine Kleinigkeit, dabei erzählte Katharina ihren Eltern von dem gestrigen Abend im Casino. Unseren Streit erwähnte sie mit keinem Wort.

Ihr Vater nickte und meinte: »Du weißt, ab morgen wird es ernst. Deshalb wäre ich froh, wenn wir heute Nachmittag zusammen im Büro Arbeitsvorbereitungen erörtern könnten.«

Meine Laune war dahin. Bei Katharina sah es nicht anders aus. Wir waren beide der Meinung gewesen, dass wir diesen Sonntag noch zusammen hätten verbringen können. Um sie etwas aufzuheitern, flüsterte ich ihr ins Ohr: »Du weißt ja, was wir heute Nacht besprochen haben, wenn wir verheiratet sind, werden wir immer zusammen sein, auch bei der Arbeit.«

Ich drückte ihr einen Kuss auf den Mund und verabschiedete mich.

Im Fernsehen gab es nichts Interessantes, weshalb mir die Idee kam, Manfred anzurufen.

»Na, gibt es euch auch noch«, wurde ich als Erstes von Manfred gefragt, als er mich am Telefon hatte.

»Ja, gibt es«, antwortete ich ihm und erzählte, dass Katharina mit ihrem Vater im Büro arbeiten muss.

»Lass uns wieder einmal wie in alten Zeiten ins Casino fahren ohne meine Freundin oder deine Verlobte«, schlug Manfred vor.

Ich hatte nichts dagegen: »Das können wir gerne machen, auch während der Woche, denn Katharina wird jetzt ganz schön in der eigenen Firma eingespannt.«

Wir verabredeten uns für Mittwochabend für einen gemeinsamen Casinobesuch ohne Anhang.

Ich hatte noch nicht richtig aufgelegt, da klingelte das Telefon. Ich konnte mir schon denken, wer dran war. Katharina. »Hallo mein Schatz«, begrüßte sie mich. »Weißt du, es wird eine ganze Weile dauern, bis ich eingearbeitet bin. Es ist allerhand zu beachten. Mein Vater muss mir jede Menge erklären und zeigen, wie der Betrieb läuft.«

Ich hörte geduldig zu und antwortete: »Ohne dich ist es doch langweilig.«

»Das hab ich mir schon fast gedacht, dass du ohne mich nichts anzufangen weißt«, sagte sie und ein hörbares Lächeln schwang in ihrer Stimme mit.

»Aber am Dienstagabend werde ich bei dir sein, so lange kann ich es ohne dich nicht aushalten, mein Schatz.«

»Komm aber nicht vor 20 Uhr, es liegt viel Arbeit an bei uns«, meinte sie. In Wirklichkeit hatte auch sie Sehnsucht nach mir.

Mit einem dicken Kuss und einem »Ich liebe dich« beendeten wir unser Telefonat. Ich lag noch lange wach und ließ die letzten Tage an mir vorüberziehen. Mit Katharina war ich richtig glücklich. Auch ihr schien es nicht anders zu gehen. Am Mittwoch würde ich mit Manfred mal wieder ins Casino gehen. Ich freute mich darauf. Endlich konnte ich mal wieder so spielen, wie ich wollte. Ich würde mir vorher eine Strategie zurechtlegen, damit ich auch mal wie Manfred mit einem ordentlichen Gewinn nach Hause gehen konnte.

*

Am Mittwoch nach Feierabend kam Manfred wie verabredet zu mir. Meine Eltern wunderten sich ein wenig und fragten, was wir denn so vorhätten. »Wir fahren heute Abend mal wieder ins Casino«, antwortete Manfred.

Meine Mutter schaute uns beide missmutig an. »Es ist nicht gut «, sagte sie, »dann kommt wenigstens gesund wieder nach Hause.«

Ich beruhigte meine Mutter: »Mach dir keine Gedanken.«

Ich schnappte mir meine Jacke und folgte Manfred nach draußen zu seinem Auto. »Weiß Katharina, dass wir zusammen ins Casino fahren«, fragte mich Manfred, während ich neben ihm auf dem Beifahrersitz Platz nahm und mich anschnallte.

»Nein, weiß sie nicht.«

»Dann wird sie dich nachher bestimmt auf dem Handy anrufen«, gab Manfred zu bedenken.

»Nein, geht nicht, ich habe es ausgeschaltet.«

»Schalte dein Handy lieber ein, sonst wird sie vielleicht misstrauisch.«

»Du hast recht«, antwortete ich und schaltete mein Handy wieder ein.

»Ist zwischen dir und Katharina denn noch alles in Ordnung«, fragte mich Manfred nach einer Weile.

»Aber ja«, antwortete ich. »Wir sind noch verliebt wie am Anfang, aber sie braucht nicht alles zu wissen.«

»So, so.«

Ein bisschen bekam ich Gewissensbisse. Ich wechselte das Thema: »Wir haben uns fest vorgenommen, Katharina und ich, nur noch auf einfache Chancen zu setzen.«

»Das haben wir uns immer vorgenommen«, grinste er übers ganze Gesicht, »aber am Spieltisch sind alle guten Vorsätze vergessen.«

Ich sagte nichts mehr und schaute aus dem Fenster. Wir waren fast da.

Im Casino tauschte Manfred sein Geld in Jetons um und fing sofort an zu spielen. Ich zögerte am Anfang ein bisschen, staunte aber nicht schlecht, wie Manfred gewann. Mein Freund deckte immer drei Zahlen rechts und drei Zahlen links von der Hauptzahl ab. Manfred spielte nicht wie früher mit 20er-Jetons, sondern etwas vorsichtiger mit 10er-Jetons. Es lief bei ihm sehr gut, innerhalb einer Dreiviertelstunde hatte er etwa 1.000 Euro gewonnen. Wenn er vernünftig gewesen wäre, hätte er jetzt aufgehört. Das Spiel ging weiter, der Einsatz pro Spiel war 70 Euro. Innerlich kämpfte Manfred mit sich, endlich aufzuhören, das sah ich ihm an, aber die Gier hielt ihn davon ab. Er wollte seine Glücksphase ausschöpfen. Dabei ging die Hälfte seines Gewinns wieder verloren. Er schaffte es, diesmal mit 500 Euro Gewinn aufzuhören.

Für mich lief das Spiel blendend. Mein Verlust von 3.000 Euro, den ich letzte Woche eingefahren hatte, gewann ich wieder zurück, zudem der Gewinn vom Samstag. Ich spielte auf Zahlen, nicht auf einfache Chancen. Bevor ich wieder alles verlieren würde, hörte ich auf. Wir setzten uns noch einen Moment an die Bar und genehmigten uns ein kühles Bier. Manfred war richtig stolz auf sich, dass er es geschafft hatte, aufzuhören. Wir prosteten uns zu und genossen unser Bier, während wir die anderen Spieler an den Roulettetischen beobachteten. Wir hörten ein lautes »Jaaa« von einem Tisch, als jemand einen ordentlichen Batzen gewann. Wir grinsten uns an. Auf dem Heimweg machte sich mein schlechtes Gewissen gegenüber Katharina bemerkbar. Wie ein kleiner Junge, der etwas Verbotenes getan hatte, kam ich mir vor. »Halt doch mal an«, sagte ich zu Manfred, »ich möchte noch schnell mit Katharina telefonieren.«

Manfred verdrehte die Augen, fuhr aber am nächsten Parkplatz raus.

Es war noch nicht spät am Abend, Katharina war gleich am Telefon. Sofort sagte sie: »Ich habe schon bei dir zu Hause angerufen, war aber keiner da.«

»Bin mit Manfred mal einen trinken gewesen«, log ich meine Verlobte zum ersten Mal an. Genaugenommen hatten wir ja auch etwas zusammen getrunken. Dass das im Casino war, verschwieg ich aber. Ob es Katharina glaubte oder nicht, wusste ich nicht. Unser Gespräch war jedoch schnell beendet.

Manfred fuhr weiter. »Weißt du, bei Andrea weiß ich einfach nicht, woran ich bin. Manchmal ist sie nett, dass ich sie schon gefragt habe, ob wir uns nicht auch verloben wollten. Andrea weicht mir immer aus.« Er runzelte die Stirn.

»Mach doch den Vorschlag, Freundschaftsringe zu kaufen«, riet ich Manfred. »Dann weißt du, woran du bist.«

»Daran habe ich gar nicht gedacht«, entgegnete er. »Danke für den Vorschlag.«

»Ich bin wirklich total stolz auf mich heute Abend«, sagte Manfred. »Dass ich aufhören konnte, meine ich. Ich hätte ja noch früher aufhören können, aber du weißt ja, es ist manchmal sehr schwer.«

»Das sag ich doch immer, es ist halt nicht so einfach, den Kampf gegen sich selbst zu gewinnen.«

Ich konnte Manfred wirklich gut verstehen. Dieser Nervenkitzel, beim nächsten Mal vielleicht doch einen großen Gewinn einzufahren, machte ein Aufhören immer schwer. Gegen 22 Uhr waren wir zu Hause, was meine Eltern wunderte. »Ihr habt wieder mal verloren«, meinte meine Mutter gleich, »sonst seid ihr doch nie so früh zu Hause gewesen!«

Ich lachte. »Nein, Mama, diesmal hast du nicht recht. Im Gegenteil, wir haben gleich gewonnen. Innerhalb kurzer Zeit habe ich fast 3.000 Euro gewonnen, Manfred hatte auch schon 1.000 Euro, davon hat er aber 500 Euro wieder verloren.«

Meine Mutter ermahnte mich mit erhobenem Zeigefinger: »Sei vorsichtig. Mich freut es ja auch, dass du gewonnen hast, aber es ist immer schwierig, die Übersicht zu behalten. Außerdem, hast du mal Katharina angerufen?«

Ich antwortete: »Ja, aber erst, als wir auf dem Heimweg waren.«

»Was sagt sie dazu, dass du schon wieder im Casino warst?«

»Das habe ich ihr nicht erzählt«, gab ich kleinlaut zu. »Sie braucht nicht alles zu wissen.«

Aus meinem Zimmer rief ich Katharina noch einmal an. Am liebsten hätte ich ihr erzählt, was ich für einen Erfolg im Casino gehabt hatte, doch das ließ ich lieber sein. Sie erzählte mir ein wenig davon, was sie jetzt alles im Büro machen musste und dass wir uns in der Woche wohl nicht mehr sehen könnten. Dafür freute sie sich aber auf den Freitag. »Ich ruf dich morgen Abend wieder an«, sagte ich zu ihr und gab ihr noch einen Kuss durch den Telefonhörer.

Beflügelt von meinem letzten Gewinn, fuhr ich des Öfteren unter der Woche mit Manfred ins Casino. Das Glück war nicht von Dauer, ich verlor immer mehr. Mein Dispo von 3.000 Euro war schon bald verspielt. Als ich auf der Bank nachfragte, ob ich einen höheren Dispo eingeräumt bekäme, wurde dies abgelehnt. Die Bank macht mir den Vorschlag, doch einen kleinen Kredit von 5.000 Euro aufzunehmen, damit könnte ich mein Konto ausgleichen und hätte somit noch etwas Bargeld bis zum Ende des Monats. Außerdem wäre das viel kostengünstiger für mich, als den Dispo auszureizen. Ich war einverstanden und unterzeichnete auch gleich den Kreditantrag. Die Genehmigung zog sich dahin und ich brauchte dringend Geld, um ins Casino fahren zu können. Manfred machte den Vorschlag, mir 3.000 Euro zu borgen, bis sich das mit meinem Kreditantrag geklärt hatte. Ich war mir nicht sicher, ob ich einfach Manfreds Geld annehmen sollte. »Mensch Jürgen, nun hab dich doch nicht so. Im Prinzip ist das doch das gewonnene Geld. Das fehlt mir doch nicht«, versuchte Manfred, mich zu überreden.

Da ich unbedingt zusammen mit Manfred ins Casino wollte, dort aber nicht als Statist Manfred beim Gewinnen zuschauen wollte, willigte ich schließlich ein. Er brachte mir beim nächsten Casinobesuch das Geld mit, setzte mir jedoch keinen Rückzahlungstermin.

Katharina und ich gingen auch ab und zu mit Andrea und Manfred am Wochenende aus. Dabei fuhren wir manchmal zusammen ins Casino und spielten dort auf einfache Chancen, was fast immer mit kleinen Gewinnen belohnt wurde. Nur Manfred spielte ab und zu wie ein Hasardeur. Andrea war dann immer böse und drohte ihm: »Ich gehe nicht mehr mit dir ins Casino! Ich möchte nicht wissen, wie viel du schon verloren hast.«

Doch Manfred interessierte das reichlich wenig. Immer, wenn Katharina nicht dabei war, spielte auch ich lockerer, nicht nur auf einfache Chancen. Während des Spielens hatte ich nicht einmal mehr ein schlechtes Gewissen gegenüber Katharina, aber zu Hause, wenn ich verloren hatte, regte sich bei mir die Reue. Ich kam deshalb nicht zur Ruhe. Morgens hatte ich dann meist schlechte Laune. Von all dem bekam Katharina nichts mit, meine Verlobte vertraute mir.

Mitte April wurde Katharina von der Handwerkskammer zur Übergabe des Meisterbriefs eingeladen. Auch sollte ihre Leistung noch durch ein Präsent hervorgehoben werden. Gemeinsam mit ihren Eltern gingen wir zur Veranstaltung. Es kam, wie es kommen musste, mein Chef war auch anwesend. Als er mich sah, hätte ich mich am liebsten verkrochen, in Luft aufgelöst, aber es war zu spät. Katharinas Eltern kannten meinen Chef, es war ja die gleiche Innung. Das Erste, was mein Chef von mir wissen wollte, war: »Was machst du denn hier?«

Ich war so perplex und wusste gar nicht, was ich sagen sollte, da antwortete Katharinas Vater für mich voller Stolz: »Jürgen ist mit meiner Tochter verlobt.«

Etwas verlegen meinte mein Chef: »Eine hübsche Tochter hast du.«

Danach wechselten sie noch einige Worte, bevor wir auseinandergingen. Mit solch einer Antwort hatte mein Chef offensichtlich nicht gerechnet. Ich hatte ihm auch nie erzählt, dass ich mich mit der Tochter der Konkurrenz verlobt hatte. Doch jetzt war die Katze aus dem Sack. Spätestens am Montagmorgen wussten es auch meine Kollegen. Und vermutlich würde mich mein Chef am Montag auch noch mal darauf ansprechen. *Na prima*, dachte ich mir. *Es kommt halt doch immer alles raus.*

Doch davon ließ ich mir den Abend nicht verderben, der noch richtig vergnüglich wurde. Katharinas Eltern waren sehr stolz auf ihre Tochter, deren Leistungen bei der Aushändigung des Meisterbriefs noch einmal gewürdigt wurden. Das gemütliche Beisammensein ging bis nach Mitternacht. Zum Glück brauchten wir am nächsten Tag nicht zu arbeiten. Weil mittlerweile das größere Bett geliefert worden war, das Katharina und ich uns vor Wochen bestellt hatten, war es auch mit dem unbequemen Zusammenschlafen vorbei. Sehr zum Leidwesen meiner Eltern übernachtete ich jedes Wochenende bei Katharina.

Mit dem Geld aus meinem Kredit konnte ich den Urlaub bezahlen, den Katharina und ich auf Mallorca verbrachten. Die 3.000 Euro, die mir Manfred geliehen hatte, reichten mir zum Roulettespielen. Es waren unbeschwerte Tage. Keiner ahnte, welch dunkle Wolken noch aufziehen würden.

*

Der Urlaub ging, wie jeder Urlaub, viel zu schnell vorbei, der Alltag hatte uns bald wieder eingeholt. Katharina hatte nach wie vor wenig Zeit in der Woche, weswegen wir uns nur am Wochenende trafen. Meine finanzielle Lage wurde immer angespannter. Ich hoffte, dass ich im Casino etwas gewinnen konnte, und fuhr immer öfter zusammen mit Manfred zum Roulettespielen. Doch je mehr ich spielte, umso verzweifelter wurde meine Lage. Die Folge war, dass ich immer tiefer in die Schuldenfalle rutschte.

Meine Sucht hatte mich fest im Griff, das ging so weit, dass ich noch einmal bei meiner Bank nach einem Kredit von 15.000 Euro fragte. Beim Ausfüllen des Kreditantrags wurde nach dem Grund gefragt. Ich log, ohne mir dabei etwas zu denken. Ich wolle Möbel für eine Wohnungseirichtung kaufen, schrieb ich in das dafür vorgesehene Feld. Meine Verlobte merkte nichts von alldem, bei ihr konnte ich mich gut verstellen. Bis jetzt hätte ich noch die Möglichkeit gehabt, reinen Tisch zu machen, bei meinen Eltern und bei Katharina. Aber die Scham, versagt zu haben, war größer, als mein Versagen einzugestehen. Auch hatte ich Angst, Katharina dadurch zu verlieren. Sie sagte immer wieder, dass es ganz gut sei, dass wir nicht mehr so oft ins Casino führen. Wie hätte ich ihr da gestehen können, dass ich nach wie vor ein guter Gast desselben war?

Wenn ich am Mittwochabend gewonnen hatte, war ich wieder ausgeglichener. Ich überraschte dann Katharina am Wochenende öfter mit kleinen Geschenken, netten Aufmerksamkeiten, was sie immer wieder begeisterte. Sie kam nie auf die Idee, dass ich ihr gegenüber nur ein schlechtes Gewissen hatte und dieses mit den Geschenken reinwaschen wollte. Wenn ich im Casino eine größere Summe verlor, dann war ich niedergeschlagen, hatte schlechte Laune. Katharina bemerkte meine schlechte Stimmung meist und ich schob sie dann immer auf die miesen Verhältnisse im Betrieb. Ich erklärte ihr, dass seitdem bekannt war, mit wem ich verlobt sei, ich öfters gemobbt würde. Auch bildete ich mir ein, immer die Arbeiten machen zu müssen, die keiner gern machte. Katharina sagte immer wieder: »Fang doch endlich bei uns an, egal ob wir verheiratet sind oder nicht.«

Doch ich ging nicht weiter darauf ein, sodass sie es irgendwann aufgab.

Manfred fuhr wieder ins Casino. Andrea nahm er nicht mit, rief sie noch nicht einmal an. Er löste sein Bargeld in Jetons um, setzte sich an *seinen* Roulettetisch und stand erst wieder um 1 Uhr nachts auf, als er alles verspielt hatte. Frustriert fuhr er nach Hause, legte sich in sein Bett und überlegte, wie er an Geld herankommen könnte. Er brauchte unbedingt Geld. Um hohe Einsätze zu machen – und nur so würde er wieder einen großen Coup landen –, musste er irgendwie an Bargeld herankommen. Einen Kredit wollte und konnte er nicht aufnehmen. Was hätte er als Sicherheit denn auch vorweisen können? Sein Auto? Das brauchte er schließlich, um ins Casino zu kommen. Das würde er auf keinen Fall als Sicherheit angeben. Und 10.000 Euro – das bräuchte er auf jeden Fall – würde er bei seinem Gehalt sicher niemals genehmigt bekommen. Und was sollte er als Grund angeben, wofür er den Kredit brauchte? Nein, einen Kredit aufzunehmen, das konnte er sich aus dem Kopf schlagen. Aber woher nur sollte er das dringend benötigte Geld nehmen?

Manfred und ich spielten im Casino immer unüberlegter. Mit Gewalt wollten wir das Glück bezwingen. Meistens verloren wir so das ganze Geld, das wir dabeihatten. Nach einem Dreivierteljahr, es war kurz vor Weihnachten, war ich fast pleite und hatte meinen ganzen Kredit von 15.000 Euro verspielt. Es waren gerade noch 2.000 Euro übrig. Die monatliche Belastung lag bei 350 Euro, die mir auch auf den Magen schlug. Ich hatte immer die Hoffnung, einmal so viel Glück zu haben wie Manfred, um meine Sorgen loszuwerden, aber das war wie immer ein Trugschluss.

Bei Manfred war die Situation noch viel schlimmer, sein gewonnenes Geld hatte er fast komplett wieder verloren. Seine ehemals 50.000 Euro waren auf wenige Tausend Euro geschrumpft. Schon trug er sich mit dem Gedanken herum, wie er am besten an frisches Geld herankam. Er dachte dabei wieder an die eine Rhöner Bank, die wir mal zum Spaß ausgekundschaftet hatten. Wenn er diese ausrauben würde, dann wären alle seine Sorgen vom Tisch. Das Gefühl, Geld zu haben, wollte er einfach nicht mehr missen. Eines Tages war er ins Ausland gefahren und hatte sich eine Pistole besorgt. Noch traute er sich nicht, den letzten Schritt zu wagen. Dreimal schon war er vor dieser Geldfiliale in der Rhön gestanden, aber noch fehlte ihm der Mut. Durch den Lebenswandel, den wir im Verborgenen führten, passierte auch mancher grobe Fehler am Arbeitsplatz. Dass das von unseren Chefs nicht mit Freude aufgenommen wurde, war klar.

Manfreds Entschluss, den letzten Schritt zu wagen, rückte immer näher. Nach einem größeren Gewinn im Casino schob er sein Vorhaben wieder auf. Diese Glückssträhne war jedoch nur kurz und ging bald vorüber.

Aus Verzweiflung machte Manfred sich eines Tages auf den Weg, ungefähr 50 Kilometer von seinem Heimatort entfernt einen Versuch zu unternehmen. Entweder es klappte, oder aber nicht. Doch wenn es klappte, hatte er wieder Geld zur Verfügung, das er ins Casino tragen konnte.

Vor der Bank verließ ihn der Mut, aber er brauchte Geld, um weiterspielen zu können. Entweder er nahm all seinen Mut zusammen, oder das Casino war Geschichte für ihn. Schließlich ging er in die Bank, zog sich eine Skimaske über und lief direkt zur Auszahlungsstelle. Dort verlangte er Geld. Dabei öffnete er leicht seine Jacke und zeigte der Kassiererin seine Waffe, die in der Innentasche steckte. Die Kassiererin erschrak und legte das ganze Geld auf den Tressen, dabei vergaß sie vor Aufregung, den Alarmknopf zu drücken. Das alles dauerte keine zwei Minuten. Manfred raffte das Geld zusammen und verstaute es in einem mitgebrachten Beutel. Wie viel es war, wusste er zu dem Zeitpunkt noch nicht. Beim Verlassen der Bank wurde er von niemandem aufgehalten. Die Angestellten standen noch unter Schock. Unbehelligt machte sich Manfred aus dem Staub, niemand verfolgte ihn. Die Angestellten konnten bei der Polizei keine brauchbaren Aussagen tätigen und auch die Überwachungskamera lieferte nichts Verwertbares. Manfred war unbehelligt mit einem kleinen Umweg nach Hause gefahren.

Als er zu Hause ankam, ging er mit dem Beutel in sein Zimmer. Seinen Eltern erzählte er, dass er einen Tag Urlaub genommen hätte. Nachdem er das ganze Geld gezählt hatte, pfiff er leise durch die Zähne. Es waren 10.000 Euro. Wie lange hätte er dafür wohl arbeiten müssen. Er grinste in sich hinein. An die Ängste, denen die Angestellten in der Bank ausgesetzt waren, dachte er nicht. Trotzdem ging auch an ihm der Bankraub nicht spurlos vorüber. Es dauerte ein paar Tage, bis er wieder zur Normalität überging. Niemand brachte ihn mit dem Bankraub, der kurz in der Tageszeitung Erwähnung fand, in Verbindung. Nicht einmal ich.

Jedes Mal, wenn ich im Casino verloren hatte, erhöhten sich meine Schulden, die ich angehäuft hatte. Es belastete mich, dass ich bis dato nichts vorweisen konnte, nichts gespart hatte, kein Auto besaß – schließlich fuhr ich den alten Wagen von Katharina – und das verdiente Geld eins zu eins im Casino verspielt hatte. Katharina sprach mit Engelszungen auf mich ein, doch endlich in ihren Betrieb zu wechseln. »Es dauert nicht mehr lange, bis ich kündige«, versuchte ich, sie zu beschwichtigen. Ich rang nach Ausreden. Die eine war, dass ich in der Firma gelernt hätte und man da nicht einfach so schnell aufhörte. Innerlich dachte ich, wenn sie die Wahrheit erführe, würde sie bestimmt die Verlobung lösen, denn wir hatten uns versprochen, immer die Wahrheit zu sagen und dann wäre ich auch meinen neuen Job in ihrer Firma los.

Noch bekam Katharina von meinem Dilemma nichts mit und sprach öfter von Heirat. Ich machte ihr den Vorschlag, im Sommer zu heiraten, da es dann wärmer wäre. Damit wollte ich sie beruhigen, wollte noch etwas Zeit gewinnen, wollte versuchen, aus einem Dilemma herauszukommen. Katharina war mit dem Hochzeitstermin einverstanden, umarmte mich und fragte, ob das mein endgültiger Entschluss wäre. »Selbstverständlich«, erwiderte ich.

Sie hatte wohl schon den Verdacht, dass ich sie nicht mehr so lieben würde wie früher. »Das darfst du aber nicht sagen, du bist das Beste, was mir im Leben passieren konnte.«

Und das meinte ich ernst. Sie war das Beste, das mir je passiert war. Sie hielt mich ganz fest, nahm mich bei der Hand und sagte: »Komm, wir erzählen die Neuigkeit meinen Eltern.«

Für kurze Zeit vergaß ich meine Probleme.

Katharinas Eltern freuten sich über die Neuigkeit und auch meine Eltern waren ganz angetan. Im Juli sollte das große Fest steigen. Jetzt erst begriffen meine Eltern, dass ich das Elternhaus verlassen würde. In diesem Moment dachte meine Mutter weiter, jetzt würde ihr Junge endlich etwas Abstand zu Manfred bekommen, der ihn immer wieder animierte, mit ins Casino zu fahren. So dachte sie. Wenn alle gewusst hätten, wie hoch ich verschuldet war, hätte es bestimmt keine Hochzeit gegeben.

Katharina und ich spazierten Arm in Arm durch die Straßen, um langsam wieder etwas zur Ruhe zu kommen. Auch mich holte die Wirklichkeit ein und ich dachte darüber nach, wie schäbig ich Katharina belogen hatte. Meine Schulden lagen mir schwer im Magen. Bisher hatte ich meine Spielsucht gegenüber Katharina und meinen Eltern gut verschleiern können. »Wir könnten Andrea und Manfred heute Abend zu uns einladen. Was meinst du, Schatz?«, meinte Katharina plötzlich.

»Was?«, fragte ich. Ich war noch so in Gedanken gewesen, dass ich dachte, ich hätte den Anfang verpasst.

»Na, wir könnten die beiden doch heute Abend zu uns einladen und ihnen die frohe Botschaft persönlich verkünden. Was meinst du?«

»Ja«, sagte ich, »das ist eine gute Idee.«

Katharina griff zu ihrem Handy und lud die beiden zum Essen ein. Andrea freute sich sehr darüber und wollte den Grund wissen. »Das ist eine Überraschung für heute Abend! Gegen 19 Uhr bei mir zu Hause. Manfred kann ja sein Auto bei uns abstellen.«

»Du machst es aber spannend«, antwortete Andrea und versprach, pünktlich zu sein.

Um exakt 19 Uhr waren Andrea und Manfred bei uns. Gemeinsam fuhren wir ins Restaurant, um es uns schmecken zu lassen. Während wir uns das Abendessen aussuchten, wollte Andrea endlich wissen, was es für einen besonderen Anlass gab. Katharina konnte sich nicht länger zurückhalten und sagte voller Freude: »Wir werden im Juli heiraten.«

Andrea nahm Katharina bei der Hand und drückte sie fest. Manfred gratulierte mir ebenfalls herzlich. Katharina und Andrea rückten noch enger zusammen, jetzt hatten sie sich wie immer viel zu erzählen.

Manfred und ich unterhielten uns mal wieder über Roulette, wie eigentlich fast immer. »Habt ihr kein anderes Thema?«, fragte Andrea ein wenig verstimmt.

Doch Manfred winkte nur ab. In der Zwischenzeit wurde das Essen serviert. Nun herrschte andächtige Stille, denn wir ließen uns das Essen schmecken. »Hast du dir schon ein Brautkleid ausgesucht?«, fragte Andrea Katharina.

»Nein, und ich würde mich sehr freuen, wenn du und meine Mutter mir dabei helfen würdet.«

»Aber klar doch«, antwortete Andrea.

Wir saßen noch einige Zeit gemütlich zusammen, als Katharina vorschlug, doch noch in eine Disco zu fahren. Es wurde noch ein schöner Abend, den wir fast ausschließlich auf der Tanzfläche verbrachten. »Endlich einmal ein Tag ohne Aufregung«, bemerkte Andrea beim Verlassen der Disco spitz und spielte dabei auf die vergangenen gemeinsamen Casinobesuche an.

Nachdem wir uns verabschiedet hatten, standen Manfred und Andrea noch eine Zeit lang vor seinem Auto. »Wir können uns doch auch verloben«, bedrängte er sie. »Schau, die zwei wollen schon heiraten!«

Bisher war ihm Andrea immer mit einer neuen Ausrede ausgewichen, doch nun wusste sie nicht, was sie erwidern konnte. »Wenn die beiden verheiratet sind, dann verloben wir uns«, antwortete sie ihm.

»Meinst du es auch ehrlich, Andrea?«, war Manfreds Reaktion.

»Wenn ich dir das verspreche, dann halte ich das auch, oder meinst du, ich wäre sonst noch mit dir zusammen?«

Manfred nahm Andrea in den Arm und flüsterte: »Du machst mich richtig glücklich.«

Es war einer der seltenen Momente, in denen Manfred richtig glücklich war. Wenn Andrea gewusst hätte, was Manfred in den letzten Wochen verbrochen hatte, hätte sie ihm das bestimmt nicht gesagt. Etwas unwohl war Andrea schon dabei, denn sie war sich nicht sicher. Sie hoffte immer noch auf eine neue nettere Bekanntschaft, dann würde sie Manfred verlassen. Das Roulettespielen machte ihr immer mehr Angst, als wenn sie etwas ahnen würde, nur was, das war ihr selbst nicht klar.

Die nächsten zwei Monate vergingen, meine Lage wurde immer auswegloser. Katharina hatte während der Woche kaum Zeit für mich, deshalb fuhr ich mit Manfred, wenn es die Zeit erlaubte – das war fast jeden Mittwoch –, ins Casino.

Meine finanzielle Lage wurde immer bedrohlicher, mittlerweile hatte ich auch den Rest der 15.000 Euro verspielt. Ich war verzweifelt, traute mich jedoch nicht, mit Katharina darüber zu sprechen, auch nicht mit meinen Eltern, die mir bestimmt geholfen hätten. Es hätte vermutlich eine Auseinandersetzung gegeben, aber sie hätten mir geholfen. Warum ich es nicht tat, schließlich waren es doch meine Eltern, war mir selbst nicht klar. Auch Katharina hätte Verständnis gehabt, wenn ich sie eingeweiht hätte. Nur Manfred kannte meine missliche Lage, er hatte auch immer gleich eine Lösung parat: »Ich brauche noch einen wie dich, auf dich kann ich mich verlassen.« Zum wiederholten Mal schlug Manfred mir vor, eine Bank zu überfallen. »Dann sind wir ein für allemal unsere sämtlichen finanziellen Probleme los.«

Er hatte auch schon eine Bank ausgekundschaftet. Ich wollte jedoch nichts davon wissen. Manfred gestand mir, dass er mittlerweile schon die dritte Bank ausgeräumt hätte. Es sei sehr leicht gewesen und hätte insgesamt nicht einmal zehn Minuten gedauert. »Alles lief ab wie in einem Film, ich brauchte nur meine Pistole zu zeigen, schon wurde mir das Geld ausgehändigt. Was glaubst du, woher ich das Geld habe, von meinem Gewinn ist schon lange nichts mehr da.« Bereitwillig vertraute er mir an, insgesamt 25.000 Euro erbeutet zu haben. »Das erste Mal hatte ich auch Angst, aber als ich dann vor dem Bankangestellten stand, merkte ich, dass der noch größere Angst hatte. Von einem Raub zum anderen wurde es immer leichter für mich, beim dritten Mal war ich schon richtig routiniert.«

Mir verschlug es die Sprache: »Hast du dir keine Gedanken darüber gemacht, was die Angestellten für eine Angst ausgestanden haben, als du sie mit der Waffe bedroht hast?«

»Am Anfang schon«, erwiderte Manfred »aber mit der Zeit lässt dich das kalt, Hauptsache, ich bekomme, was ich will.«

»Hast du keine Angst, dass die Polizei dich schnappt?«

Je mehr ich fragte, umso cooler antwortete Manfred. Zum Schluss machte er mir den Vorschlag, mit ihm einen größeren

Bankraub zu machen. »Alleine ist das nicht zu schaffen, bestimmt sind da mindestens 200.000 Euro zu holen! Aber ich bräuchte dich dabei.«

Ich ging nicht näher darauf ein, wollte aber von ihm wissen, wie er es geschafft hatte, zur Arbeit zu gehen, als wäre nichts passiert. »Daran gewöhnst du dich, auch wenn ein Artikel über dich in der Zeitung steht.«

Als ich an diesem Abend nach Hause kam, kreisten meine Gedanken und ich kam nicht zur Ruhe. Ein Kontaktabbruch wäre zu dieser Zeit das Beste gewesen. Doch ich fuhr weiterhin mit Manfred zusammen ins Casino.

Das Geständnis beschäftigte mich die ganze Woche über. Ich hätte ihm das nie zugetraut. Auch Katharina stellte fest, dass ich mit meinen Gedanken ganz woanders war. Sie wollte wissen, an was ich dachte, doch konnte ich ihr unmöglich von Manfreds Banküberfällen berichten. »An unseren Hochzeitstermin«, sagte ich stattdessen. »Ich freue mich jetzt schon darauf, es ist doch herrlich, endlich so richtig zusammen zu sein. Ich kann es fast nicht mehr erwarten, mein Schatz.«

In Wirklichkeit machte ich mir Gedanken, wie ich Katharina beibringen sollte, dass ich hinter ihrem Rücken im Casino viel Geld verspielt hatte. Und nicht nur das. Wie sollte ich ihr gestehen, dass ich kein Geld mehr besaß, sondern, ganz im Gegenteil, hoch verschuldet war. Dass ich das alles vor der Hochzeit ins Reine bringen musste, war mir klar. Doch wie ich das bewerkstelligen sollte, weniger.

Von Manfred wurde ich immer wieder bedrängt, mit ins Casino zu fahren. »Mensch Manfred, ich möchte nicht. Ich habe ja nicht einmal Geld, das ich verspielen könnte«, antwortete ich ihm.

»Dann borge ich dir 2.000 Euro, die kannst du mir zurückgeben, wenn du wieder einmal gewonnen hast«, machte er mir das Angebot.

Ich willigte ein und fuhr am Mittwochabend wieder mit. Meine Mutter schimpfte, als hätte sie eine Ahnung, in welcher

Lage ich war. »Ich gehe doch nur mit Manfred etwas trinken«, versuchte ich, sie zu beruhigen.

»Erzähl mir doch nicht, dass ihr nicht ins Casino fahrt. Ich *weiß*, dass ihr fahrt. Ich möchte nur wissen, wo ihr das Geld her habt!«

Ich log sie an, dass wir es natürlich gewonnen hätten, was sonst?

Auf der Fahrt zum Casino wollte mich Manfred wieder überreden, bei einem Bankraub mitzumachen. »Es ist ganz einfach. Wenn wir zu zweit sind, kannst du die Bankangestellten in Schach halten, während ich den Tresor ausräume. Das ist eine Sache von zehn Minuten, dann sind wir unsere finanziellen Probleme los.«

Als ich ihm klarmachen wollte, was für ein Risiko wir eingehen würden, wischte Manfred das beiseite: »Mal doch den Teufel nicht an die Wand.«

Beim Roulette hatte ich am Anfang eine glückliche Hand. Mir gelang auf einfache Chancen alles. Manfred dagegen konnte spielen, was er wollte: Er verlor. Je mehr er verlor, umso ungeduldiger wurde er. Mit 5.000 Euro war Manfred ins Casino gefahren, nach kurzer Zeit waren 3.500 Euro verloren. Sein Gesicht war rot vor Aufregung, mit dem Mut des Verzweifelten setzte er 24 3/3 mit je 100 Euro, ein Einsatz von 700 Euro. Die Kugel rollte in die 33, das war die zweite Zahl neben der 24. Manfred gewann 3.500 Euro, mit Abzug des Trinkgeldes waren es immer noch 3.400 Euro. Erneut setzte er auf die 26 3/3, verlor jedoch dieses Mal auf einen Schlag 700 Euro. Manfred gab die Hoffnung nicht auf, gewann auch hin und wieder, aber einen größeren Gewinn machte er nicht.

Bei mir lief es gut, mit 50 Euro Einsatz gewann ich im Laufe des Abends 1.000 Euro. Es war nicht genug, um die anstehenden Schulden zu bezahlen, aber ein Hoffnungsschimmer. Ich nahm mir vor, Manfred das geborgte Geld zurückzugeben und auch die Kreditraten zu tilgen. Doch es kam alles ganz anders. Weil Manfred nicht mit dem Spielen aufhörte, machte auch ich weiter. Zum Schluss, es war schon

23 Uhr, hatte ich alles wieder verloren, unser Geld war verspielt. Es blieb uns nichts anderes übrig, als uns auf den Heimweg zu machen, mit leeren Taschen.

Auf der Heimfahrt machte ich Manfred Vorwürfe, warum wir nicht um 22 Uhr aufgehört hatten, wie vereinbart? Manfred lachte nur: »Du bist doch Herr über dich selbst, oder brauchst du seit Neuestem ein Kindermädchen?«

Kurz bevor wir zu Hause ankamen, fing Manfred wieder an mit dem Thema Bankraub. Ich ging darauf nicht ein. Beim Aussteigen kam nur ein kurzes »Tschüss« von mir. Bei meinen Eltern brannte kein Licht mehr, ich konnte aber lange nicht einschlafen. So viele Gedanken schwirrten mir durch den Kopf. Wie sollte das nur weitergehen? Was für eine Enttäuschung musste ich für Katharina sein? Auf all diese Fragen suchte ich eine Antwort, aber ich fand keine.

*

Am anderen Morgen beim Frühstück war ich noch immer deprimiert wegen des Vorabends. Auf dem Weg zur Arbeit ging mir die Frage nicht aus dem Kopf, wie ich es schaffen sollte, die Schulden zurückzuzahlen. Mein Entschluss stand fest, meine Eltern und Katharina alles zu beichten. Ich wollte reinen Tisch machen. Aber mir fehlte der Mut. Jedes Mal, wenn ich vor Katharina stand, brachte ich es nicht übers Herz, sie so zu enttäuschen.

Je mehr ich zögerte, desto mehr war ich hin- und hergerissen und umso mehr Einfluss bekam Manfred. Bei jedem Treffen machte er es mir schmackhaft, wie leicht das alles ginge. Ich stimmte ihm halbherzig zu. Manfred hatte schon einen Plan, aber aus Vorsicht fuhren wir einmal gegen Abend vorbei, suchten einen günstigen Platz, um schnell mit dem Auto abzuhauen. Zweifel, die mir kamen, wischte er ganz locker vom Tisch, als hätte er bisher nur von Banküberfällen gelebt.

In den nächsten Tag besorgte Manfred noch zwei Unterziehmützen für Motorradhelme, zwei Rucksäcke und eine täuschend echt aussehende Schreckschusspistole. Zweifel begleiteten mich die ganze Zeit, ich schwankte, ob ich doch lieber alles meinen Eltern und Katharina erzählen sollte. Noch hatte ich Zeit dazu. Noch war nichts passiert. Noch hatte ich keine Bank ausgeraubt. Doch ich brachte es nicht über mich.

Manfred plante als Zeitpunkt für den Überfall Ende oder Anfang eines Monats, da zu diesem Zeitpunkt das meiste Geld in der Bank gelagert würde. Eines Abends machten wir uns auf den Weg zur Bank, um alles bis aufs Kleinste auszubaldowern. Dabei erzählte mir Manfred, die gleiche Bank schon einmal ausgeraubt zu haben. »Es ist kein Problem, der Tresor liegt direkt neben dem Kassenschalter. Du bist nie alleine, wenn ich das Geld aus dem Tresor hole.«

In meinem Kopf schwirrten die Gedanken über die Folgen, wenn etwas schiefginge. Mein Kopf war wie in Watte gepackt. Alles erschien mir irreal. Sollte ich wirklich bald zum Bankräuber mutieren? Ich? Der normalerweise keiner Fliege etwas zuleide tun konnte. Aber was wäre die Alternative? Dass ich meine Verlobte enttäuschte und meine Eltern. Möglicherweise würde Katharina die Verlobung auflösen und sich von mir trennen. Ich durfte gar nicht daran denken.

Je näher der Tag kam, umso unruhiger wurde ich. Nur bei Katharina fühlte ich mich noch geborgen. Auf die Frage, was mich bedrückte, hatte ich immer die gleiche Ausrede: Meine Arbeitskollegen. Manchmal war ich nahe dran, ihr alles zu gestehen, aber ihre Liebe, die sie mir entgegenbrachte, ließ meinen Mut wieder sinken. »Es dauert ja nicht mehr lange, mein Schatz«, tröstete sie mich. »Wenn wir verheiratet sind, dann arbeitest du in unserem Familienunternehmen. Da werden dich keine Arbeitskollegen mehr mobben.«

In der Nacht vor dem geplanten Bankraub konnte ich nicht schlafen. Am Abend hatte ich noch mit Katharina telefoniert. Auch meine Eltern hatten keine Ahnung, was sich am folgenden Tage abspielen würde. Wie immer stand ich um 6 Uhr morgens auf, trank mein Kaffee, sprach aber nicht viel. Meine Mutter wunderte das nicht, sie meint nur: »Hast wieder schlecht geschlafen?«

Meine Ausrede war: »Du weißt, wir wollen bald heiraten, das ist doch Aufregung genug.«

Mit einem kurzen »Tschüss« schloss ich die Haustür hinter mir und war angeblich auf dem Weg zur Arbeit. Das zumindest glaubten meine Eltern. Wenn sie gewusst hätten, was wir an diesem Morgen vorhatten, sie hätten mich eingesperrt. Pünktlich zum verabredeten Zeitpunkt war Manfred da. Auch er war aufgeregt, das merkte ich ihm an. Deshalb wollte ich ihn noch einmal überreden, das Vorhaben abzublasen. »Jetzt sind wir so weit, wir bringen es auch zu Ende«, meinte er kurz angebunden.

Kurz nach 8 Uhr waren wir vor der Bank. Im Auto hatten wir uns schon die Mützen übergezogen. Damit es nicht auffiel, hatte jeder noch eine Pudelmütze aufgesetzt. Wir nahmen allen Mut zusammen, betraten die Bank, legten einen Zettel auf den Tresen, mit dem Hinweis: »Das ist ein Überfall«. Das Einzige, was die Kassenangestellte stotterte, war: »Nicht schon wieder.«

Manfred als Wortführer gab seine Anweisungen in einem Ton, den ich bis dahin nicht von ihm gekannt hatte. Mit lauter Stimme befahl er der Bankangestellten, sofort aus dem Schalterraum zu kommen, die Bank abzuschließen und sich hinzulegen. Zu diesem Zeitpunkt waren drei Bankangestellte, darunter der Filialleiter, und zwei Kunden in der Bank. Auf die Frage, ob noch mehr Mitarbeiter kämen, reagierte die Dame überhaupt nicht, so erschrocken war sie. Stockend antwortete sie nach einer Weile: »Etwas später, gegen 9 Uhr.«

»Da hat sich alles erledigt«, meinte Manfred beiläufig.

Mir gab Manfred die Anweisung, alle Angestellten und die zwei Kunden in Schach zu halten und sie nicht aus den Augen zu verlieren. Mit Gewalt presste Manfred den Safeschlüssel heraus und wies die Angestellten an, keinen Widerstand zu leisten, wenn ihnen ihr Leben lieb war. Während Manfred mit dem Filialleiter beim Safe war, bemerkte ich, dass einer der Bankangestellten nach Luft schnappte. »Was ist denn los?«, fragte ich sie.

»Ich habe Asthma und brauche mein Spray aus der Tasche am Tresen«, antwortete sie mir.

Mit der ganzen Situation war ich überfordert und sah nicht, dass unterhalb des Tresens ein Alarmknopf angebracht war. Ich erlaubte ihr, das Spray zu holen. In einem unbeobachteten Augenblick drückte sie den stillen Alarm.

Manfred kam mit dem ganzen Geld, das er in den mitgebrachten Rucksäcken verstaut hatte, aus dem Tresorraum. Ich wollte Manfred davon abhalten, noch weiteres Geld aus dem Bankautomaten mitzunehmen, doch er hörte nicht auf mich. Mit barscher Stimme forderte er den Filialleiter auf, auch noch den Geldautomaten zu öffnen. Plötzlich kam ein Polizeiauto vorgefahren. Zwei Polizisten mit den Händen an ihren Waffen versuchten, in die Bank zu gelangen, was natürlich nicht möglich war. Durch das Rütteln an der Tür wurden Manfred und ich aufgeschreckt. Das Erste, was Manfred einfiel, war, michanzubrüllen, ob ich nicht aufgepasst hätte.

»Klar hab ich das«, antwortete ich ihm. »Aber eine Bankangestellte hatte einen Asthmaanfall. Was hätte ich denn machen sollen?«

»Na gar nichts«, brüllte er mich an. »Hast du sie etwa ihre Tasche holen lassen, du Idiot?« Er schaute in Richtung der Tasche und bemerkte, dass der Alarmknopf genau unterhalb des Tresens installiert war. »Hättest du ihr die Tasche geholt, dann wäre jetzt alles erledigt.«

Von Manfreds Zornausbruch verärgert, fing ich an zurückzubrüllen: »Musste der Geldautomat auch noch ausgeraubt werden? Deine Gier kennt keine Grenzen, wir wären schon längst über alle Berge.«

Von einem Moment zum anderen war das Polizeiauto verschwunden. Wir atmeten auf. Mit der Beute auf dem Rücken wollten wir gerade die Bank verlassen, doch dann kam der Schock. Mittlerweile hatte die Polizei großräumig die Bank abgesperrt. Schnell verbarrikadierten wir uns wieder, nun ging's erst richtig los. Als Erstes musste die Bankangestellte, die den Alarm ausgelöst hatte, vortreten. Manfred war so außer sich, dass er ihr mit der flachen Hand ins Gesicht schlug. Dabei fing ihre Nase an zu bluten, außerdem musste sie sich wieder hinlegen und bekam noch einen Tritt in die Seite. Sie bäumte sich auf vor Schmerzen. Ich stand fassungslos da, unfähig, dazwischenzugehen. Ich hatte Manfred so noch nie erlebt. Zu was war er wohl noch fähig?

Nach etwa einer Viertelstunde läutete das Telefon. Der Kassenleiter hob ab, es war die Polizei, die den Anführer sprechen wollte. Manfred nahm den Hörer und brüllte gleich hinein: »Zieht endlich ab, sonst passiert ein Unglück!« Er wartete keine Antwort ab und knallte den Hörer auf die Gabel.

Auf meinen Versuch, Manfred zu überreden aufzugeben, antwortete er nur: »Du Waschlappen, jetzt werden wir erst richtig kassieren.«

Beim nächsten Anruf stellte Manfred die Forderung von zwei Millionen Euro und einem Fluchtauto, und dies bis 12 Uhr. Auf den Einwand, die Zeitspanne wäre zu kurz, reagierte er nicht. Ich war erschrocken, welche Brutalität Manfred auf einmal an den Tag legte.

Die Angestellten und die beiden Kunden lagen am Boden, nur eine wagte es, aufzustehen, um ihrer Kollegin, die von Manfred geschlagen worden war, beizustehen. Er wollte sie wieder zurückjagen, aber ich sagte zu ihm: »Lass sie sich doch um ihre Kollegin kümmern. Außerdem war es nicht nötig, sie so zu misshandeln.«

Manfred ging zur Toilette und raunte mir zu, dass ich gut aufpassen sollte.

Ich stand da und fühlte mich, als wäre ich in einem falschen Film. Was war da nur schiefgelaufen? Warum war ich in dieser Situation? Warum hatte ich überhaupt bei dieser Schnapsidee von Manfred mitgemacht? Ich war dabei, mein ganzes Leben zu versauen. Während Manfred auf der Toilette war, läutete erneut das Telefon. Ich ging dran. Ein Polizeipsychologe war mittlerweile vor Ort und stellte sich als Dr. Pfeiffer vor. Er versuchte, mir mit eindringlichen Worten die Aufgabe des Unternehmens nahezulegen. Ich wollte am liebsten aus der Bank rennen und meine Schreckschusspistole von mir werfen. Ich war doch kein Verbrecher. Ich wollte im Sommer meine große Liebe heiraten.

Als Manfred von der Toilette zurückkam, fragte er mich, ob sich etwas Neues ergeben hätte. »Ja, mir wurde die Situation vor Augen geführt, in der wir uns befinden. Wir haben keine Chance, mit der Beute zu fliehen.«

Manfred schaute mich mit schmalen Augen an. »Das wollen wir mal sehen«, meinte er. »Dann nehmen wir eben Geiseln!«

Mit diesem Vorgehen war ich nicht mehr einverstanden. Niemals wollte ich, dass irgendjemandem etwas passierte. Es war schon jetzt schlimm genug, dass wir die Menschen in der Bank in eine solche Todesangst versetzten. Total ernüchtert stammelte ich: »Hätte ich doch nicht auf dich gehört, jetzt ist meine ganze Zukunft mit Katharina dahin.«

»Jammere nicht herum, sehen wir zu, dass wir einen Ausweg finden«, meinte Manfred.

In den nächsten zwei Stunden wurden wir immer wieder von Dr. Pfeiffer angerufen. Die Polizei versuchte, die Übergabe des geforderten Geldes hinauszuzögern.

»Wir müssen aufgeben«, bemühte ich mich, Manfred zu überzeugen. »Das hat doch alles keinen Sinn mehr. Wir kommen hier auf keinen Fall mehr raus. Und alles, was wir jetzt tun, verschlimmert unsere Lage. Warum siehst du das nicht ein?«

»Du spinnst wohl«, brüllte mich Manfred an und haute mit der Hand auf den Tresen.

Ich zuckte zusammen. So kannte ich meinen Freund überhaupt nicht. »Was denkst du denn, wie wir hier rauskommen sollen?

»Wir werden uns jeder eine Geisel nehmen und zum Fluchtauto gehen. Dann hauen wir ab und lassen die Geiseln irgendwann wieder laufen.«

»Ich glaube, du hast zu viele Krimis geschaut. Das klappt nie und nimmer. Außerdem bin ich mit so einem Vorgehen absolut nicht einverstanden.«

»Dann verschwinde doch«, fauchte mich Manfred an.

Was sollte ich nur tun? Wie war ich überhaupt in diese blöde Lage gekommen? Ich und ein Bankräuber. Ich war doch kein Verbrecher! Ich wollte Manfred nicht im Stich lassen, war aber auch nicht mit seinem Vorgehen einverstanden. Doch er war mein Freund. Wir kannten uns schon seit der Schule. Ein letzter Anstoß gab mir Dr. Pfeiffer, eine Entscheidung sollte ich nur für mich treffen. Mein Freund könnte mir auch nicht mehr helfen.

»Wenn ich gewusst hätte, dass du so versagst, ich hätte mir einen anderen gesucht«, sagte Manfred zu mir, während er mich hasserfüllt ansah.

»Hättest du das nur gemacht«, war meine Antwort.

Mein Entschluss stand fest. Ich hatte mich nach einigen Gesprächen mit Dr. Pfeiffer entschlossen, aufzugeben, dazu trug auch das Verhalten von Manfred bei.

Manfred ließ sich nicht darauf ein, er verlangte immer wieder das Lösegeld, mit einem Fluchtwagen. Er schaute mich mit schmalen Augen an und zischte: »Wenn du die Bank verlässt, machte ich kurzen Prozess mit dir.«

Ich schüttelte meinen Kopf. In meinen Gedanken war ich bei Katharina, das Brüllen von Manfred hörte ich schon gar nicht mehr. Meine Entscheidung, aufzugeben, wurde von der Polizei mit Erleichterung aufgenommen. Kurz darauf fuhr ein Polizeiauto vor die Bank. Ich ging entschlossen zum Ausgang, hörte danach auch nicht mehr, wie Manfred hinter mir her schimpfte. Beim Verlassen der Bank entschuldigte ich mich bei allen Bankangestellten. Ich war kein abgebrühter Bankräuber. Vor der Tür legte ich die Waffe nieder, ging mit erhobenen Händen zum Fahrzeug. Mit Blaulicht und in schneller Fahrt verließen wir den Tatort. Wie versprochen saß Dr. Pfeiffer im Fahrzeug. Es fiel kein Wort des Vorwurfs, nur dass laut Dienstvorschrift Handschellen angelegt werden müssten. Im Präsidium wurde als Erstes untersucht, ob ich vernehmungsfähig war, was von einem Arzt verneint wurde. Stattdessen bekam ich eine Beruhigungsspritze, auch wurde einfühlsam mit mir gesprochen. Nachdem die Spritze anfing zu wirken, konnte ich wieder etwas klarer denken. Jetzt wurde mir erst richtig bewusst, was ich verbrochen hatte. Dabei zogen die vergangenen Stunden wie ein schlechter Film an mir vorüber.

Nach zwei Stunden gab auch Manfred auf. Vielleicht hatte er, nachdem ich aufgegeben hatte, plötzlich Gewissensbisse. Beim Verlassen der Bank hielt er es nicht einmal für nötig, sich bei den Opfern zu entschuldigen. Die Geiseln in der Bank waren erleichtert, die Verletzte wurde sofort ins Krankenhaus gebracht, betreut von einem Psychologen. Nachdem sie versorgt war, bekam sie Weinkrämpfe. Niemand war in der Lage, sie zu beruhigen. Auch die väterlichen Worte des Psychologen, der wieder an den Tatort zurückgekehrt war, brachten fast kein Ergebnis. Sie erzählte immer wieder, wie Manfred ihr die Pistole an den Kopf gehalten hatte und drohte, sie zu erschießen. Es blieb dem Psychologen keine andere Wahl, als sie mit Medikamenten ruhigzustellen. Die anderen Bankmitarbeiter sowie die beiden Kunden mussten mit Schocks von mehreren Ärzten und Psychologen betreut werden.

Obwohl Manfred den eisenharten Räuber gespielt hatte, war auch er mit den Nerven fix und fertig und bekam ebenfalls Medikamente zur Beruhigung.

Am anderen Morgen, bei der Vernehmung, war ich so depressiv, dass wieder ein Psychologe herangezogen werden musste. Behutsam wurde das Verhör fortgeführt. Mit der Zeit baute sich ein Vertrauensverhältnis zu den Beamten auf. Dass wir keine abgebrühten Bankräuber waren, stellten die Beamten bald fest. Ich gab von Anfang an alles zu, aber die Beamten wollten noch mehr wissen. Zum Beispiel, wer der Urheber der Idee war, ein Verbrechen in diesem Ausmaß zu begehen. Ich erzählte, wie es zu dieser verfahrenen Situation gekommen war. »Alles begann vor drei Jahren, als wir anfingen, ins Casino zu fahren. Wir spielten, um zu gewinnen und uns ein komfortables Leben gönnen zu können ...«

Ich berichtete auch, dass Manfred am Anfang eine Glückssträhne gehabt und dabei 50.000 Euro gewonnen hatte, acht Tage später noch einmal 15.000 Euro. Dafür hatte er sich einen fast neuen roten Golf gekauft.

Der Beamte, der mir gegenübersaß, hob plötzlich den Kopf und unterbrach mich. Er wollte wissen, ob Manfred damit schon andere Banküberfälle verübt hatte?

Ich war so erschrocken, dass ich mit gebeugtem Kopf nickte.

»Endlich haben wir für die drei anderen Überfälle einen Tatverdächtigen«, meinte einer der Beamten.

»Jetzt wissen wir, dass die Zeugenaussage richtig war, nur das Kennzeichen wurde nie erkannt«, richtete sich der Polizist wieder an mich.

Auf die Frage, ob ich das auch vor Gericht aussagen würde, nickte ich erneut. Auch gab ich zu, von den Überfällen gewusst zu haben. »Ich wollte meinen Freund aber nicht verraten«, erklärte ich kleinlaut.

»Hätten Sie, Herr Müller, das nur gemacht, dann wären Sie heute nicht hier.«

Mit den Erkenntnissen zu den ungeklärten Überfällen wurde erst einmal eine Pause gemacht. Ich wurde zurück in die Zelle gebracht. Dort saß ich wie ein Häuflein Elend. Mir ging es gar nicht gut. Ich war mit den Nerven am Ende, scheinbar hielten die Beruhigungsmittel, die ich am gestrigen Tag bekommen hatte, auch nicht ewig. Ob Katharina schon von meinem Verbrechen wusste? Was würde sie nun über mich denken? Sie würde mich bestimmt hassen. Und was war mit meinen Eltern? Ob die Polizisten sie schon verständigt hatten? Ich schämte mich so sehr. Wenn ich gekonnt hätte, hätte ich am liebsten alles ungeschehen gemacht. Doch ein Zurück gab es nicht mehr. Ich musste zu meiner Tat stehen. Ich hatte Mist gebaut und nun gab es nur noch den Weg nach vorne.

Nach etwa einer Stunde ging die Vernehmung weiter. Wir saßen wieder in dem kleinen kargen Raum, in dem in der Mitte ein Tisch stand. Der mir gegenübersitzende Beamte fragte mich, ob wir weitermachen könnten.

Ich nickte.

»Nach solch einem Gewinn kommt bestimmt Neid auf«, fragte er.

Ich nickte wieder.

Meine Nerven machten das alles nicht mehr mit. Mitten im Verhör fing ich an zu weinen. Schluchzend erzählte ich, dass ich verlobt war und kurz vor der Hochzeit stand.

Die Beamten schüttelten den Kopf und fragten mich, warum ich dann so etwas mitgemacht hatte.

»Manfred hatte so viel Einfluss auf mich, was mir gar nicht bewusst war«, entgegnete ich.

Viele Stunden dauerte die Vernehmung, dann wurde ich in die Zelle zurückgebracht. Vorher musste ich noch das Vernehmungsprotokoll unterschreiben. Alleine in der Zelle plagte mich mein Gewissen. Ein Arzt gab mir noch einmal ein Beruhigungsmittel und schlug dabei vor, dass wenn das nicht wirken sollte, er mich ins Krankenhaus in die Psychiatrie überweisen würde. Es wurde mir empfohlen, einen Anwalt für meine Verteidigung hinzuzuziehen. Da ich noch nie einen Anwalt gebraucht hatte und aus diesem Grund keinen kannte, wurde mir vom Gericht einer bestellt. Die Beamten kamen nach dem Verhör zu dem Ergebnis, dass das alles nicht passiert wäre, wenn wir nicht spielsüchtig gewesen wären.

Bei der Vernehmung von Manfred wurde es den Kriminalbeamten nicht so leicht gemacht. Manfred war aggressiv. Noch fühlte er sich so, als wenn ihm die Beamten nichts anhaben könnten, bloß einen versuchten Bankraub mit Geiselnahme. Das war schon Verbrechen genug. Aber als ihm auf den Kopf zugesagt wurde, dass ihm außerdem noch mindestens drei Banküberfälle zur Last gelegt würden, änderte sich seine Lage.

Manfred versuchte, dies abzustreiten, aber durch meine Aussage sowie durch Filme der Überwachungskamera wurde er überführt. Auf einmal fing er an zu fluchen, nannte mich einen Waschlappen und Versager. Nie hätte er sich mit mir einlassen sollen bei solch einem Unternehmen.

Die Beamten machten eine Pause, in der sie sich besprachen. Sie kamen zu dem Schluss, dass sie Manfred härter anpacken mussten. Er war ein anderes Kaliber als ich.

Nach der kurzen Pause wurde Manfred wieder ins Vernehmungszimmer geführt. Der Beamte wies auf den Stuhl ihm gegenüber, auf den er sich setzen sollte. Dann wurden ihm die Handschellen abgenommen und die Tür des Zimmers geschlossen. Zwei Polizisten stellten sich vor die Tür, um einen möglichen Fluchtversuch gleich vereiteln zu können. »Herr Herzig«, begann der Beamte ihm gegenüber, »alles, was in der Bank passiert ist, geht auf Ihr Konto.«

Manfred wollte protestieren, doch der Polizist stoppte ihn mit einer Handbewegung und fuhr fort: »Das Anstiften ist auch eine Straftat, auch bei seinem besten Freund.«

Manfred konterte: »Hätte Jürgen sich nicht so blöd angestellt und eine Bankangestellte in die Nähe eines Alarmknopfes gelassen, um sich das Asthmaspray zu holen, hätte alles wie am Schnürchen geklappt.«

»Und Sie hätten das der Bankangestellten also verwehrt?«

»Ich sage jetzt nichts mehr«, erwiderte Manfred, »außerdem möchte ich einen Anwalt.«

Nachdem Manfred das Vernehmungsprotokoll unterschrieben hatte, wurde auch er wieder in seine Zelle geführt. Am nächsten Tag sollten wir dem Haftrichter vorgeführt werden, der über weitere Haft oder vorläufige Entlassung entscheiden würde.

Die Nacht in der Zelle war für mich furchtbar. Ich fühlte mich wie der mieseste Verbrecher überhaupt. Ich hatte zugelassen, dass andere Menschen Todesangst ausstehen mussten. Ich hatte zugelassen, dass andere Menschen verletzt worden waren. Ich hätte den ganzen Spuk schon am Anfang beenden können. Noch besser, ich hätte bei diesem totalen Irrsinn erst gar nicht mitmachen dürfen. Außerdem hätte ich schon zur Anzeige bringen müssen, als Manfred mir von den ersten Banküberfällen berichtet hatte, die er alleine verübt hatte. Ja, er war mein Freund gewesen, aber spätestens zu diesem Zeitpunkt hätte ich alle Brücken zu ihm abbrechen müssen. Warum hatte ich das nicht gemacht? War meine Spielsucht etwa schuld daran? Hätte ich es gekonnt, wenn ich nicht ständig mit ihm ins Casino fahren musste? Ich wusste es nicht. Meine Schuldgefühle in dieser Nacht ließen mich trotz des Beruhigungsmittels nicht einmal an Schlaf denken. Ich war noch immer völlig fertig mit den Nerven, wollte mit Katharina sprechen, mit meinen Eltern, wollte mich entschuldigen. Irgendwann musste ich doch eingeschlafen sein.

Am nächsten Tag wurden wir dem Haftrichter vorgeführt. Hierbei kam es zur ersten Begegnung nach dem Überfall zwischen Manfred und mir. Manfred warf mir einen bösen Blick zu. »Du Verräter und Versager«, waren die einzigen Worte, die er für mich übrighatte.

Als die Beamten bemerkten, dass Manfred mich beschimpfte, unterbanden sie dies ganz schnell.

Nachdem der Richter die Protokolle durchgelesen hatte, wollte er wissen, was uns zur solch einer Tat getrieben hatte. Manfred weigerte sich, eine Erklärung abzugeben, ich hingegen entschuldigte mich, fand aber auch keine Erklärung. Es war gut, dass zwischen Manfred und mir ein Beamter saß, sonst wäre er bestimmt auf mich losgegangen. Der Richter entschied, dass wir wegen der Schwere der Tat in Untersuchungshaft bleiben mussten. Begründung: Banküberfall mit räuberischer Erpressung und Geiselnahme. Außerdem waren beide Täter in verschiedenen Gefängnissen unterzubringen.

Um 19 Uhr des Tatabends wunderte sich Katharina, warum ich noch nicht angerufen hatte. In den Nachrichten kam als erste Meldung: »Banküberfall im Raum Gießen mit Geiselnahme ging glimpflich aus. Die Bankräuber waren ausgemachte Profis. Sie gaben, nachdem die Polizei das Gebäude umstellt hatte, nach zähen Verhandlungen auf.«

Zum Schluss der Nachricht wurden die Bankräuber gezeigt, allerdings mit unkenntlich gemachtem Gesicht. Aber Menschen, die uns kannten, wussten sofort, wer wir waren. Katharina und auch ihre Eltern, die die Nachrichten verfolgt hatten, waren geschockt. »Das sind ja Jürgen und Manfred!«, rief Katharinas Vater aus.

Katharina wurde leichenblass. Unter Schock stand sie wortlos auf und wusste nicht, was sie sagen sollte. Sie verschwand in ihrer Wohnung. Ihre Mutter lief ihr hinterher, kam aber nur bis zur abgeschlossenen Wohnungstür. Sie versuchte vergeblich, ihre Tochter zu bewegen, die Tür zu öffnen. Auch ihr Vater stand vor verschlossener Tür. Alles gute Zureden half nichts, ihr Schluchzen wurde immer lauter. »Am besten wir verständigen den Notarzt«, meinte ihr Vater. »Versuch du bitte Katharina zu bewegen, die Tür zu öffnen«, bat er ihre Mutter.

Nachdem der Vater einen Notarztwagen verständigt hatte, kam er zurück und musste feststellen, dass die Tür noch immer verschlossen war. Katharinas Mutter schaute ihren Mann ratlos an. Dieser versuchte es seinerseits, seine Tochter zum Öffnen der Tür zu bewegen. Die Überredungskünste ihres Vaters zeigten nach einiger Zeit doch Wirkung und Katharina öffnete ihre Tür. Ihr Vaters nahm sie in den Arm, legte sie wieder auf ihr Bett, streichelte ihr immer wieder über den Kopf und sprach beruhigend auf sie ein, obwohl er auch tief schockiert war. »Wir haben den Arzt angerufen, der wird dafür sorgen, dass du dich etwas beruhigst«, tröstete er sie.

Während sie auf den Arzt warteten, konnte sich Bernhard nicht mehr zurückhalten. Er fing an zu schimpfen: »Wenn der Wagen am besten läuft, bricht bestimmt ein Rad. Was soll ich sagen, nicht nur ein Rad, sondern eine ganze Achse. Es ging ja alles viel zu glatt, Jürgen hat uns alle getäuscht.«

Katharina hörte alles mit an und brach immer wieder in Weinkrämpfe aus. Als der Arzt endlich kam, verabreichte er ihr ein Medikament, worauf sie bald einschlief. Ihre Eltern wurden ebenfalls mit Beruhigungsmitteln versorgt.

Auch meine Eltern wurden durch das Fernsehen informiert. Meine Mutter bekam einen Nervenzusammenbruch, während mein Vater nach einigem Zögern Katharinas Eltern anrief. Bernhard wollte erst nicht mit ihm sprechen, aber Brigitte meinte: »Die können doch auch nichts dafür, was passiert ist, außerdem werden sie auch unter Schock stehen.«

Nach einem kurzen Gespräch verabredeten sie sich für Sonntag bei Brigitte und Bernhard.

Andrea, die mit Katharina sprechen oder sie besuchen wollte, wurde abgewiesen: »Sie schläft fest, Katharina hat ein starkes Beruhigungsmittel bekommen, wir wollen sie schlafen lassen«, meinte ihre Mutter.

»Wenn es recht ist, werde ich morgen bei Katharina vorbeikommen.«

»Tu das, Katharina braucht jetzt viel Trost«, erwiderte ihre Mutter und legte den Telefonhörer auf.

Am besten überstand Andrea den Schock, obwohl auch sie erschrocken war, keine Frage. Doch sie hatte sich gleich vorgenommen, sofort mit Manfred Schluss zu machen, wenn sie ihn das nächste Mal sah.

Auch Manfreds Eltern erlitten einen Schock, als ihnen bewusst wurde, was ihr Sohn für ein Verbrechen begangen hatte. Seine Mutter musste mit dem Notarztwagen ins Krankenhaus gefahren werden, so schlecht waren ihre Vitalwerte. Dort wurde sie stationär aufgenommen und mit Beruhigungsmitteln behandelt. Ihr Mann wurde ebenfalls im Krankenhaus behandelt, allerdings von einem Psychologen. Sie hatten es kommen sehen. Sie hatten gewusst, dass ihr Sohn ihnen entglitt, hatten geahnt, dass die Spielsucht ihn zugrunde richten würde. Dass er jedoch noch andere Menschen in den Abgrund mit hineinziehen würde, das hatten sie nicht vorhersehen können.

Am anderen Morgen waren Katharinas Eltern früher als sonst aufgestanden. Besonders gut hatten sie nicht geschlafen. Immer wieder dachten sie an ihren »Beinahe«-Schwiegersohn, der ihre Tochter so sehr verletzt hatte. Vater Bernhard ging ins Büro, um sich abzulenken. Er dachte daran, dass Katharina sich schon so gut eingearbeitet hatte, dass er ihr schon viel Verantwortung übertragen hatte, wie auch das Einteilen der Mitarbeiter. Und jetzt wurde sie dermaßen aus ihrer Arbeit, aus ihrem Leben gerissen. Er wurde wieder wütend, wütend auf Jürgen, wütend auf Manfred, wütend auf sich selbst, dass er seine Tochter nicht hatte beschützen können.

Katharinas Mutter las am Morgen erst einmal die Zeitung. Was da über Manfred und Jürgen berichtet wurde, verschlug ihr den Atem. Beide wurden als ausgekochte Verbrecher tituliert, die erst dann aufgegeben hätten, als sie keinen anderen Ausweg mehr gesehen hatten. Sie schüttelte mit dem Kopf. Jürgen war ihr nie so vorgekommen. Er hatte auf sie immer einen ehrlichen und gescheiten Eindruck gemacht. Es passte überhaupt nicht zu Jürgen, dass er nun ein abgebrühter Verbrecher sein sollte. Hatte sie sich wirklich so in dem Verlobten ihrer Tochter getäuscht? Sie legte die Zeitung beiseite und ging zu ihrer Tochter. Leise öffnete sie ihre Schlafzimmertür und steckte vorsichtig den Kopf hinein. »Schatz? Bist du schon wach?«

»Ich bin noch sehr benommen, es war bestimmt ein starkes Medikament«, hörte sie Katharina sagen.

»Brauchst du irgendetwas? Soll ich dir einen Tee machen?«, fragte ihre Mutter.

»Nein, danke. Ich stehe gleich auf«, antwortete Katharina.

Als ihre Mutter die Tür wieder sanft schloss, fing Katharina erneut an zu weinen. Sie konnte es einfach nicht verhindern, die Tränen flossen ihr in Strömen die Wangen hinab und hinterließen nasse Flecken auf ihrem Kissen. Sie griff in ihren Nachttisch und holte das kleine Herz von Jürgen heraus. Als sie es öffnete und sein Bild sah, liefen ihr weitere Tränen über das Gesicht.

Gegen Abend kam Vater Bernhard aus dem Büro zurück und gab seiner Frau zur Begrüßung einen Kuss. »Was ist mit Katharina? Hat sie sich beruhigt?«, wollte er von ihr wissen.

»Sie hat den ganzen Tag in ihrer Wohnung verbracht, wollte aber zum Abendessen rüberkommen«, antwortete ihre Mutter.

»Am besten wäre es, die Verlobung zu lösen, oder? Was glaubst du, was los ist, wenn herauskommt, dass Katharina mit einem Verbrecher verlobt ist.«

Seine Frau wirkte besonnen auf ihren Mann ein und meinte: »Lass es erst einmal auf uns zukommen. Letztendlich sollten wir die Entscheidung doch unserer Tochter überlassen, vielleicht kann auch Andrea Einfluss nehmen. Auf jeden Fall sollte unsere Tochter ohne Zwang entscheiden können.«

Vater Bernhard nickte und nahm seine Frau in den Arm.

Gegen Abend wachte Katharina auf, der Schlaf schien ihr gutgetan zu haben. Sie musste im ersten Moment überlegen, was passiert war. Langsam kam die Erinnerung wieder. Unter der Dusche fasste sie den endgültigen Entschluss, Jürgen nicht zu verlassen. Ihre Eltern wollten gerade mit dem Abendessen beginnen, als sie ins Esszimmer kam. Sie setzte sich dazu und sagte gleich mit entschlossener Stimme: »Ich verlasse Jürgen nicht, wir haben uns gegenseitig versprochen, egal, was passiert, wir halten zusammen.« Dabei nahm sie das Herz von Jürgen demonstrativ in die Hand. Damit war Katharina noch nicht fertig: »Außerdem fahre ich nicht, wie es der Arzt vorgeschlagen hat, in Erholungsurlaub, sondern gehe morgen zum Psychologen. Ab Montag bin ich wieder im Büro, die Arbeit wird mich bestimmt ablenken.«

Im ersten Moment waren ihre Eltern überrascht vom Elan ihrer Tochter. Das Einzige, was ihr Vater darauf sagte, war: »Mit dieser Entscheidung musst du nicht ganz alleine fertig werden, wir werden dich dabei mit allen Kräften unterstützen.« Dabei nahm er seine Tochter in den Arm und drückte sie. »Wir haben dich lieb«, flüsterte er in ihr Ohr.

Nach dem Essen rief Andrea an. »Wie geht es dir«, fragte Andrea ihre Freundin.

»Es geht wieder besser«, antwortete Katharina.

»Ich habe mit Manfred sofort Schluss gemacht, mit einem Verbrecher will ich nichts mehr zu tun haben. Zumindest ist es für mich jetzt aus, gesehen habe ich ihn ja schließlich nicht. Aber das wird er sich sicherlich denken können.«

Katharina gab ihr recht: »Manfred war für dich auch nicht der Richtige, du bist ja auch nicht so verliebt wie ich. Ich habe mich entschlossen, bei Jürgen zu bleiben, ich liebe ihn immer noch.«

»Wenn du meinst«, antwortete Andrea. »Hast du Lust, mit mir am Wochenende in die Disco zu gehen? Wenn wir zu Hause bleiben, wird es ja auch nicht besser.«

Erst wollte Katharina absagen, willigte dann aber doch ein.

»Ich komme dich morgen nach Feierabend besuchen, dann können wir über alles quatschen, wenn du magst.«

»Ja, danke, das wäre schön. Ich freue mich auf morgen.«

»Dann schlaf gut«, meinte Andrea und verabschiedete sich.

Am nächsten Morgen wurde am Frühstückstisch über die Ereignisse der letzten Tage nicht gesprochen. Ihr Vater wollte nur noch einmal vorsichtig wissen, ob die Entscheidung von gestern Abend noch galt. »Ja, Papa, ich halte zu Jürgen, er ist nur verführt worden von seinem *Freund* Manfred. Vielleicht habe auch ich etwas Schuld. Wegen der vielen Arbeit habe ich ihn ein bisschen vernachlässigt.«

»Das darfst du dir nicht einbilden, Jürgen ist für alles, was er getan hat, selbst verantwortlich. Außerdem ist er auch alt genug. Ich habe schon früh gemerkt, dass Jürgen leicht zu beeinflussen ist, er braucht jemanden, der ihn führt.«

»Das weiß ich doch, Papa«, erwiderte Katharina.

Als Andrea zu Besuch kam, freute sich Katharina ganz besonders. Sie nahm ihre Freundin in den Arm und schluchzte.

»Komm, wir gehen in meine Wohnung«, sagte sie.

Als sie dort ankamen, setzte sich Andrea auf die Couch.

»Magst du einen Tee?«, fragte Katharina.

»Ja, gerne«, antwortete Andrea.

»Pfefferminz oder Zitrone-Ingwer?«, rief Katharina aus der Küche.

»Pfefferminz«, antwortete Andrea, »aber mit viel Zucker.«

Wenige Minuten später kam Katharina mit einem Tablett und zwei Tassen Tee darauf aus der Küche. Sie stellte es vorsichtig auf den Wohnzimmertisch. »Hier, nimm dir Zucker«, meinte Katharina und schob Andrea eine kleine schwarze Dose zu.

Andrea öffnete das kleine Döschen und nahm sich etwas braunen Teezucker daraus. »Danke.«

Sie saßen zusammen auf der Couch und nippten an ihrem heißen Tee.

»Weißt du,« begann Andrea, »am Anfang habe ich Manfred auch geliebt, aber er war immer so fordernd und auch jähzornig. Je länger ich bei Manfred war, umso sicherer war ich, das ist nicht der Richtige«, erklärte sie. »Ich war auch ganz schön erschrocken, als ich das im Fernsehen gesehen habe.«

»Was glaubst du, was ich war, Jürgen ein Bankräuber, das hätte ich mir im Traum nicht vorstellen können. Andrea, wenn du Manfred nicht gern gehabt hast, dann ist es die logischste Konsequenz, dass du es jetzt beendest.«

Andrea nickte und nahm noch einen Schluck vom heißen Tee.

»Was meinst du, was noch auf uns zukommen wird?«, fragte Katharina ihre Freundin.
»Auf jeden Fall wird die Kriminalpolizei uns vorladen, um uns zu vernehmen«, meinte Andrea.

Im Gefängnis zu sitzen, war kein Zuckerschlecken. Nachdem der Haftrichter entschieden hatte, dass Manfred und ich in verschiedenen Haftanstalten untergebracht werden sollten, wurde ich gleich im Anschluss in einen Gefängnisbus verfrachtet, der mich in meine neue Bleibe kutschierte. Als wir dort ankamen, öffnete sich das große Eingangstor und der Bus fuhr hindurch. Das große Tor schloss sich wieder und ich war umgeben von tristen grauen Gefängnismauern. Das würde also für lange Zeit mein neues Zuhause sein. Schließlich hatte ich ein schlimmes Verbrechen begangen. Auch wenn mich Manfred dazu angestiftet hatte, so war ich doch derjenige, der mitgemacht hatte. Ich hätte auch nein sagen können. Ich hätte nein sagen sollen. Ich war dumm gewesen. Warum hatte mich Manfred nur zu solch einem Mist überreden können? Ich ärgerte mich über mich selbst. Der Bus hielt an und der Gefängniswärter kam zu mir und schloss die Handschellen auf. Dann führte er mich zum Check-in. Dort musste ich meine Taschen leeren. Der Inhalt wurde in Plastiktütchen verpackt und mit einer Nummer versehen. Dann ging es zur Kleiderausgabe. Einen Schönheitswettbewerb würde ich mit den Klamotten wohl kaum gewinnen, aber hier trug jeder das Gleiche. Nachdem ich mich umgezogen und meine Kleider abgegeben hatte, ging es in die Zelle. Als die Zellentür hinter mir ins Schloss fiel, zuckte ich zusammen. *Das war's dann wohl mit meiner Zukunft*, dachte ich. Es hätte so schön sein können. Ich hatte eine tolle Verlobte, die ich abgöttisch liebte und die ich in diesem Sommer geheiratet hätte, wenn ich es nicht versaut hätte. Ich setzte mich auf das harte Bett und schlug meine Hände vor's Gesicht. Dann begann ich zu weinen. Ich hatte alles vermasselt. Mein ganzes Leben war den Bach runtergegangen. Und ich ganz alleine war schuld daran.

Am nächsten Morgen wartete Katharinas Mutter auf ihre Tochter am gedeckten Frühstückstisch. Ihr Mann war noch im Bad, würde aber in wenigen Minuten auch in der Küche sein. Sie lief in die Wohnung ihrer Tochter, um nach ihr zu sehen. Katharina lag noch in ihrem Bett und weinte. Ihre Mutter ging zu ihr und nahm sie in den Arm. »Ich versteh das alles nicht«, schluchzte Katharina. »Warum hat er das gemacht? Vielleicht haben seine Arbeitskollegen ihn gemobbt, weil alle wussten, dass wir verlobt sind? Öfters habe ich ihn dann in den Arm genommen, wenn er traurig zu mir kam. Ich wollte ihn überreden, in unsere Firma zu wechseln, aber mit einer Ausrede wich er mir immer aus. Als er mir vorschlug, im Sommer zu heiraten, war ich aus dem Häuschen und musste es euch gleich erzählen. Ich kann mir noch keinen Reim darauf machen, warum Manfred so viel Einfluss auf ihn hatte.«

Die ganze Zeit über hielt ihre Mutter sie in den Armen. »Ist schon gut, mein Schatz.«

»Ach Mama, was soll ich noch machen?«

Immer wenn Katharina Sorgen hatte, auch schon als kleines Mädchen, suchte sie Trost bei ihren Eltern. Ihre Mutter hörte sich alles mit Geduld an, wusste aber diesmal auch keinen Rat. »Komm, steh auf und frühstücke erst einmal mit uns, dein Vater möchte noch einiges mit dir besprechen wegen der Arbeit. Denk auch daran, dass Jürgens Eltern heute Nachmittag vorbeikommen. Denen geht es bestimmt auch nicht so gut.«

Katharina tat es gut, sich einmal alleine bei ihrer Mutter auszusprechen. Auch mit ihrem Vater konnte sie normalerweise sprechen, nur in diesem Punkt wusste sie im Voraus, was seine Meinung war.

»Wie geht es unserer Tochter?«, fragte gleich ihr Mann, als Katharinas Mutter zurück ins Esszimmer kam.

»Katharina ist ganz schön mit den Nerven fertig. Dass Jürgen sich zu so einem Verbrechen hinreißen ließ, ist nicht zu begreifen, außerdem wollten sie ja heiraten.«

Bernhard hatte sich mit der Situation fast abgefunden und meinte nur: »Unsere Tochter sollte Schluss machen, sie findet bestimmt noch ein neues Glück.«

Katharina, die einen Teil der Unterhaltung mitbekommen hatte, setzte sich an den Tisch und sagte nur: »Ich mache *nicht* Schluss mit Jürgen. Da kann kommen, was will, ich halte so lange zu ihm, bis er wieder aus dem Gefängnis kommt.« Trotzig schaute sie ihren Vater an. »Wenn ihr nicht aufhört, werde ich ihn sogar im Gefängnis heiraten.«

Ihre Mutter schlug beide Hände zusammen: »Hör endlich auf, Bernhard, unsere Tochter ist alt genug.«

Es wurde still am Frühstückstisch, jeder hing seinen Gedanken nach, bis Brigitte ihren Mann ermahnte, dass er doch bitte zurückhaltend war, wenn Jürgens Eltern kamen.

Er nickte.

Nach dem Frühstück verschwanden Katharina und ihr Vater im Büro, wo er sie über alles unterrichtete, was in der vergangenen Woche vorgefallen war. Anschließend sprachen sie noch über die nächste Woche. Katharina seufzte leise.

»Es ist nicht leicht für uns alle«, versuchte ihr Vater sie zu trösten, »am wenigsten für dich.«

»Ach, Papa, es tut alles so weh, was soll ich nur machen?«

Ihr Vater wollte sie nicht noch einmal vor den Kopf stoßen, wie beim Frühstück, deshalb antwortete er: »Wir sind bei dir. Auch wirst du jede Unterstützung von uns bekommen.« Dabei lobte er Jürgen sogar: »Wir waren froh, einen ordentlichen Schwiegersohn zu bekommen. Ich bin der Meinung, dass Manfred schon immer einen verderblichen Einfluss auf Jürgen hatte. Am besten wäre es, wenn Jürgen den Kontakt zu Manfred gänzlich abbrechen würde.« Er nahm seine Tochter in den Arm. »Du bist immer noch meine kleine Tochter!«

Pünktlich klingelte es an der Tür. Katharina öffnete und in diesem Moment fiel ihr auch schon Jürgens Mutter um den Hals und fing an zu weinen. »Kommt herein«, rief Katharinas Mutter von der Küche aus, wir haben den ganzen Nachmittag noch Zeit.«

Jürgens Eltern setzten sich an den gedeckten Kaffeetisch. Es war still im Raum. Niemand wusste etwas zu sagen. Während Katharinas Mutter Brigitte den Kuchen aufschnitt und an die Gäste verteilte, schenkte Katharina den Kaffee ein. Niemand wollte als Erster ein Gespräch anfangen. Nach dem ersten Schluck Kaffee räusperte sich Jürgens Mutter Irene und erzählte: »Wisst ihr, Jürgen war von klein auf zurückhaltend, hatte keinen richtigen Kontakt zu den Kindern in der Nachbarschaft. Er spielte mit anderen Kindern auf der Straße, aber kein Spielkamerad klingelte bei uns an der Tür, um mit Jürgen zu spielen. Im Kindergarten wurde Jürgen etwas aufgeweckter und lernte Manfred kennen. Manfred war einer, der gleich den Ton angab. Beide wurden unzertrennlich. Mit der Zeit legte auch Jürgen seine Schüchternheit ab. Wir waren recht froh, dass er einen Freund hatte, wer konnte damals ahnen, was auf uns zukommt. Selbst in der Schule saßen beide nebeneinander. Nach der Schule trennten sich dann ihre Wege, Manfred lernte Autoschlosser, Jürgen Maler. Als sie nach der Lehrzeit Geld verdienten, kam Manfred auf die Idee, doch mal das Glück im Casino zu versuchen.

Ich weiß noch, als Jürgen das erste Mal zu Hause erzählte, dass sie nur auf Rot oder Schwarz spielten, aber das änderte sich bald. Wenn sie verloren hatten, waren sie schlecht gelaunt. Es zog sie immer wieder ins Casino. Wenn sie gewonnen hatten, war der Verlust vom letzten Mal vergessen. Wir versuchten immer wieder, Jürgen und Manfred davon abzubringen und lieber in die Disco zu gehen, aber die mahnenden Worte halfen nicht. Dann kam der Abend, an dem Manfred etwa 50.000 Euro gewann, von diesem Tag an wurde jeder gute Rat in den Wind geschlagen.«

»Was?«, meinte Katharinas Vater erstaunt. »Er hat so viel gewonnen?«

»Ja«, fuhr Irene fort. »Jürgen vertraute mir an, wie Manfred spielte. Er setzte schon lange nicht mehr auf einfache Chancen, sondern spielte wie ein Hasardeur. Jürgen erzählte mir alles, obwohl Manfred sein Freund war. Auch über seine Sehnsucht nach einem Mädchen, das zu ihm gepasst hätte, sprach er mit mir. Einmal vertraute er mir an, dass es noch ein böses Erwachen geben würde für Manfred. Damals verstand ich meinen Jungen nicht und wollte wissen, was er damit meinte. Manfred spielte immer wahlloser, seitdem er das viele Geld gewonnen hatte. Er sagte immer, im Leben müsse etwas riskiert werden. Jürgen vertraute mir an, dass Manfreds Eltern in großer Sorge waren, aber Einfluss hätten sie schon lange nicht mehr gehabt. Ich war froh, als Jürgen eines Nachts aus der Disco kam und mir am Frühstückstisch erzählte, er hätte ein Mädchen kennengelernt. Er glaubte, es sei Liebe auf den ersten Blick, ihr Name sei Katharina.« Sie lächelte Katharina an. »Als wir dich dann das erste Mal sahen, wusste ich sofort, es musste Liebe auf den ersten Blick gewesen sein. Auch du warst gleich in meinem Herzen, Katharina. Nun habe ich aber genug geredet«, meinte Irene und trank einen Schluck heißen Kaffee, den ihr Brigitte kurz zuvor eingeschenkt hatte.

»Auch bei mir war es Liebe auf den ersten Blick«, sagte Katharina nachdenklich. »Dass wir den gleichen Beruf hatten, war Zufall. Ich habe in den letzten Tagen viel über Jürgen nachgedacht und bin zu dem Entschluss gekommen, dass ich auf ihn warte, meine Liebe zu ihm ist groß.«

Während sie das sagte, nahm Irene die Hand von Katharina und drückte sie fest an sich. Dabei schauten sich beide mit einem Lächeln an, obwohl es ja nichts zu lachen gab. Irene sagte: »Auch wir unterstützen unseren Jungen so gut wie wir können, er hat bestimmt alles schon bereut.«

»Sobald ich Jürgen im Gefängnis besuchen kann, fahre ich zu ihm«, meinte Katharina. »Er braucht in seiner Lage bestimmt viel Trost. Wisst ihr denn schon irgendetwas Neues?«

Jürgens Vater meinte, dass er noch nicht besucht werden dürfte. Sein Anwalt darf zu ihm, aber sonst noch niemand.
»Ich werde warten«, sagte Katharina bestimmt.

*

Die Wochen vergingen ohne besondere Ereignisse. Irgendwann flatterten bei Andrea und Katharina Vorladungen ins Haus. Sie sollten sich bei der Kriminalpolizei für eine Befragung melden. Zu Beginn wurden sie darauf aufmerksam gemacht, dass sie die Aussage verweigern könnten, wenn sie sich damit belasteten. Nach dieser allgemeinen Belehrung wurden die beiden Freundinnen einzeln vernommen. Die Beamten wollten wissen, ob sich Manfred und Jürgen in ihrem Verhalten in der letzten Zeit verändert hätten. »Nein«, meinte Katharina. »Nur manchmal hatten Jürgen und auch Manfred schlechte Laune. Wenn ich meinen Verlobten darauf angesprochen hatte, kam die Ausrede, dass er an der Arbeit gemobbt würde. Ich wollte immer, dass Jürgen in unserem Betrieb arbeitet, er wollte aber warten, bis wir verheiratet sind. Mir ist ein absolutes Rätsel, warum sich Jürgen auf so ein Verbrechen eingelassen hat«, meinte Katharina.

Nach drei Stunden hatte Katharina ihre Vernehmung hinter sich gebracht. Bei Andrea hatte es nicht so lange gedauert. »Ich habe mit ihm abgeschlossen«, hatte sie gesagt, »er war doch nicht mein Fall.« Darauf hatten die Beamten nur noch wissen wollen, ob sich Manfred verändert hatte. Andrea hatte kurz und knapp geantwortet: »Ich habe nicht darauf geachtet, es ist mir auch egal.«

Für Katharina war die Arbeit die einzige Ablenkung, immer tiefer kniete sie sich hinein. Manchmal mussten ihre Eltern ihren Eifer bremsen. Mittlerweile hatte sich ein gewisser Rhythmus in ihrem Leben eingestellt. Jeden Mittwoch besuchte sie Jürgens Eltern, die sich ganz besonders darüber freuten. Die Wochenenden ging sie mit Andrea zum Essen aus oder auch in die Disco. Eines Abends meinte Katharina zu Andrea: »Wir könnten doch mal wieder ins Casino fahren? Was meinst du?« Als sie diesen Vorschlag machte, begannen ihre Augen zu leuchten.

»Vielleicht«, antwortete Andrea zögerlich. So recht war es ihr nicht, das konnte man ihr ansehen. »Dich hat wohl auch der Spielteufel gepackt«, meinte sie noch zu ihrer Freundin und wechselte dann das Thema.

Wenn Katharina abends in ihrem Zimmer alleine war, dachte sie an ihren Verlobten. Bestimmt waren auch seine Gedanken bei ihr, dachte sie und musste sich schwer zusammennehmen, um nicht wieder zu weinen.

Nach etwa sechs Wochen kam ein Brief von Jürgen aus dem Gefängnis. Mit etwas zitterigen Händen öffnete Katharina den Briefumschlag. Zweimal musste sie ihn durchlesen, dabei begann sie zu weinen. Im Brief schilderte er ihr, wie es dazu gekommen war, dass er solch eine große Dummheit begangen hatte.

Liebe Katharina,

heute schreibe ich dir aus dem Gefängnis, in das ich in meinem Leben nie hineinwollte. Wie es zu dieser Dummheit kam, kann ich mir bis heute nicht erklären. Ich will auch Manfred nicht die Schuld geben, dafür bin ganz alleine verantwortlich. In meiner Naivität dachte ich, wir gehen in eine Bank, versetzen die Angestellten in Angst und Schrecken und dann verschwinden wir mit jeder Menge Geld. Schon während wir in der Bank waren, begriff ich: Was wir hier machen ist großes Unrecht.

Als ich die Gesichter der Bankangestellten voller Angst sah, wäre ich am liebsten auf der Stelle umgekehrt, hatte aber nicht den Mut, es Manfred zu sagen. Auch nahm er mir übel, dass ich nicht aufgepasst hatte, als eine Angestellte den Alarmknopf drückte. Du musst wissen, dass sie einen asthmatischen Anfall hatte (oder mir das zumindest weismachte) und ich ihr doch keinesfalls ihre Medikamente vorenthalten konnte.

Nachdem die Polizei die Bank umstellt hatte, wurde mir durch Dr. Pfeiffer, dem Polizeipsychologen, die Augen geöffnet. Zu Manfred sagte ich: „Wir haben den größten Fehler unseres Lebens gemacht, das Beste ist, wir geben auf." Woraufhin er noch lauter wurde. Er brüllte: „Wenn du mich im Stich lässt, werde ich dich erschießen." Dies konnte aber meine Angst auch nicht mehr vergrößern.

Mit Dr. Pfeiffer hatte ich dann telefonisch vereinbart, dass ich aufgebe und herauskomme. Langsam, aber mit zittrigen Beinen ging ich zur Tür, schon kam ein Polizeiauto vorgefahren. Man forderte mich auf, die Waffe fallen zu lassen. Im Polizeirevier wurde ich gleich von einem Arzt untersucht, ob ich vernehmungsfähig war. Wegen der Diagnose, kurz vor einem Nervenzusammenbruch zu stehen, wurde ich für den Rest des Tages in Ruhe gelassen. Allein, in einer Zelle eingeschlossen, wuchs meine innere Unruhe. Ich stand unter ständiger Beobachtung. So rief man noch einmal den behandelnden Arzt, der mich mit einem Beruhigungsmittel ruhigstellte. Innerhalb kürzester Zeit schlief ich ein. Es war wohl ein wirksames Mittel gewesen.

Als ich am nächsten Tag vernommen wurde, gab ich sofort alles zu. Dabei kam heraus, dass Manfred schon drei Banküberfälle verübt hatte, die bis heute noch nicht aufgeklärt waren. Auch wurde mir ein Pflichtverteidiger bestellt.

Nachdem der Untersuchungsrichter entschied, dass wir in Untersuchungshaft blieben, wurden Manfred und ich in verschiedene Gefängnisse untergebracht. In welches Zuchthaus Manfred gebracht wurde, weiß ich nicht, auch interessiert mich das nicht mehr. Ich wurde nach Kassel verlegt. Nun weißt du, was ich angestellt habe.

Während der Untersuchungshaft haben Psychologen ein Gutachten von mir erstellt. Nächtelang habe ich wach im Bett gelegen, meine Gedanken waren immer bei dir. Meine Befürchtung war, dich nicht verdient zu haben. Auch sah ich immer wieder die entsetzten Augen der Bankangestellten vor mir, die nicht wussten, wie wir uns verhalten würden. Ich bitte dich, bleibe bei mir, ich habe doch nur meine Eltern und dich. Ich liebe dich so sehr, dass mir alles wehtut, da ich nicht weiß, wie du dich entscheidest. Ich könnte verstehen, wenn du mit mir nichts mehr zu tun haben wolltest. Doch würde es mir das Herz brechen. Ich denke auch zurück an die schönen Stunden mit dir, und welches Leid ich dir und meinen Eltern zugefügt habe. Mir tut alles so unendlich leid.

Mit Bangen warte ich, wie du dich entscheidest, aber ich bitte dich, bleib bei mir. Schreibe mir bald und lege bitte ein Bild von dir dem Brief bei. Es ist alles so trostlos hier in der Zelle, dein Bild wird es ein bisschen aufhellen. Wenn ich morgens beim Aufstehen in dein wunderschönes Gesicht schauen kann, wird das meine Situation ein bisschen erleichtern.

PS: Ich habe endlich die Erlaubnis bekommen, Besuch zu empfangen. Ich wünschte mir, du würdest mich besuchen kommen. Bitte schreibe mir, ob und wenn ja, wann du mich besuchen willst. Ich werde dann eine Besuchserlaubnis beantragen.

Ich liebe dich über alles
Dein Jürgen

Katharina musste den Brief immer wieder lesen, Zeile für Zeile, dabei wurde ihr schwer ums Herz. Bei ihren Schwiegereltern ließ sie sich nichts anmerken, denn sie wollte diese nicht unnötig aufregen. Ihre Eltern waren die Einzigen, bei denen sie sich ausweinen konnten, danach ging es ihr manchmal ein bisschen besser. Am meisten litt sie, wenn sie alleine war.

Katharina hatte Probleme, eine Antwort zu schreiben, denn sie war von den Ereignissen noch tief betroffen. Es dauerte doch einige Tage, bis sie sich dazu aufraffen konnte. Dabei brach sie in Tränen aus.

Mein lieber Schatz,

wir haben uns bei der Verlobung ewige Liebe und Treue geschworen. Was wäre das für ein Versprechen, wenn es sofort gebrochen würde. Das Erste, was ich mit meinen Eltern und deinen Eltern besprochen habe, war, dass wir zusammenbleiben, auch wenn wir zurzeit getrennt sind. Es war für uns alle ein großer Schrecken, als wir im Fernsehen sahen, was ihr angestellt habt. An ein Verbrechen hatte ich nie gedacht.

Da es nun aber geschehen ist, müssen wir es verkraften, auch das, was noch auf uns zukommt. Ich weiß, dass es nicht einfach für dich ist, für mich ist es das auch nicht, aber ich versuche, aus unserer Liebe Kraft zu schöpfen. Tu es auch, du bist nicht alleine. Vorwürfe sind wohl nicht der richtige Weg, um diese Miesere zu meistern. Jetzt wollen wir nur noch nach vorne schauen. Es geht jetzt alles seinen Gang. Auf mich kannst du dich verlassen, ich bin immer für dich da.

Nun will ich dir noch berichten, wie ich die Wochen bisher gemeistert habe. Von meinen Eltern bekomme ich die größtmögliche Unterstützung, auch arbeite ich meistens bis 19 Uhr, das lenkt mich ab. Außer am Mittwoch, da besuche ich deine Eltern, sie wollten den Kontakt zu mir aufrechterhalten. Dann erzählt deine Mutter Irene immer wieder, was für ein braver Junge du warst. Manfred und du, ihr wart immer unzertrennlich, sie merkten auch bald, dass Manfred einen großen Einfluss auf dich hatte. Deine Mutter war begeistert, als du zu Hause erzähltest: „Ich habe ein Mädchen kennengelernt und glaube, es ist Liebe auf den ersten Blick." Mein Schatz, es war ja auch Liebe auf den ersten Blick, auch bei mir, heute immer noch.

Als wir uns dann noch verlobten, war sie total glücklich. Manchmal hält deine Mutter meine Hände fest, als wollte sie sagen: „Wir lassen dich nicht mehr fort." Ich kann mir auch keine besseren Schwiegereltern vorstellen. Wenn ich mich dann am späten Abend verabschiede, hält mich deine Mutter immer fest, dabei merke ich stets ein leichtes Zittern ihrer Hände. Vor der Haustüre muss ich immer wieder versprechen, nächste Woche wiederzukommen.

Am Wochenende gehe ich fast immer mit Andrea essen, wir haben uns immer viel zu erzählen. Andrea hat mit Manfred sofort Schluss gemacht und will nichts mehr von ihm wissen. Ob Manfred das schon weiß, kann ich dir nicht sagen. Ich lege dir noch ein Bild bei, auf der Fotografie bin ich nicht gut getroffen, deshalb werde ich ein neues Foto machen lassen. Beantrage für mich eine Besuchserlaubnis, damit wir uns endlich wiedersehen. Ich habe doch große Sehnsucht nach dir!

Ich liebe dich über alles
Deine Katharina

Nach vier Wochen bekam Katharina endlich eine Besuchserlaubnis. Sie war total aufgeregt. Sie hatte noch nie jemandem im Gefängnis besucht, die Abläufe waren ihr total fremd. Immerhin wusste sie, was sie mitbringen durfte, und was nicht, das hatte in der Besuchserlaubnis gestanden. Auch Jürgens Eltern erhielten fast zeitgleich eine Besuchserlaubnis.

Am Morgen des Besuchstages war Katharina sehr aufgeregt. Sie machte sich Gedanken, wie Jürgen sich wohl verhalten würde. Wie würde sie sich verhalten? Immerhin hatten sie sich eine lange Zeit nicht mehr gesehen. Und ihr war klar, dass der Besuch nicht unbeobachtet bleiben würde. Nach dem Frühstück machte sie sich auf den Weg nach Kassel. Ihre Eltern umarmten sie zum Abschied und ließen die besten Grüße ausrichten.

Während sie auf der Autobahn fuhr, überkam sie ein gemischtes Gefühl zwischen Freude und Angst. Einerseits freute sie sich, endlich ihren Jürgen wiederzusehen, auf der anderen Seite saß Jürgen ja nur im Gefängnis, weil er Mist gebaut hatte. Sicher, er hatte sich von Manfred verleiten lassen, doch letztendlich hatte er entschieden.

Als sie vor dem Gefängnistor stand, wurde ihr noch mulmiger zumute. Mit zitternder Hand legte sie den Besucherschein vor. Die JVA-Beamten waren sehr höflich, während sie die Papiere kontrollierten. Da Katharina sichtlich aufgeregt war, sprachen die Beamten ruhig mit ihr, dabei machten sie einen kleinen Scherz: »Bisher haben wir alle Besucher wieder herausgelassen, machen Sie sich nur keine Gedanken. Auch ist es uns verständlich, dass jemand, der noch nie im Gefängnis war, unruhig wird, das geht auch den Insassen so am Anfang.«

Katharina lächelte. Nachdem alle Sicherheitsmaßnahmen abgeschlossen waren, wurde Katharina in den Besucherraum geführt. Als sie so dastand, fingen ihre Hände an zu zittern, was sich auf den ganzen Körper übertrug. Es dauerte noch eine Weile, bis Jürgen in den Besucherraum geführt wurde.

Im ersten Moment standen wir uns gegenüber und wussten nicht, was wir machen sollten. Katharina ging auf mich zu, umarmte mich und ich hielt sie ganz fest. Wir standen einige

Minuten zusammen, ohne ein Wort zu sagen, bis wir aufgefordert wurden, uns hinzusetzen.

Wir saßen uns gegenüber, sprachen aber kein Wort und hielten uns nur an den Händen fest. Katharina merkte, dass meine Hände anfingen zu schwitzen. Auch sie war aufgeregt.

»Kommst du mit der Situation klar?«, wollte sie wissen.

Erst nickte ich, dann brach es aus mir heraus: »Ich bin nicht alleine in meiner Zelle. Mein Mitgefangener war schon einige Male im Gefängnis gewesen, außerdem soll ich immer machen, was er will. Ach, was soll ich dir das alles vorjammern, ich bin ja selbst daran schuld, dass alles so gekommen ist. Außerdem will ich dir nicht den Besuch, auf den ich mich so lange gefreut habe, vermasseln.«

Katharina wirkte beruhigend auf mich ein: »Es ist doch nicht schlimm, wenn du mir deine Sorgen erzählst.«

Ich lächelte sie schüchtern an. Nachdem ich mich etwas beruhigt hatte, wollte ich wissen, wie es zu Hause stand.

»Deine Eltern waren ernsthaft krank, deine Mutter lag im Krankenhaus, auch dein Vater brauchte ärztliche Hilfe. Das alles werden dir deine Eltern noch erzählen, sie kommen dich auch besuchen. Auch ich war so mit den Nerven am Ende, dass ich ein paar Tage nicht arbeiten konnte, bis ich mir im Klaren war, was ich in dieser Situation machen soll. Mein Entschluss war, bei dir zu bleiben. Ich werde auf dich warten. Haben wir uns nicht ewige Treue geschworen? Ich halte das auch ein, mein Schatz!«

Ich merkte, wie mir die Tränen in die Augen stiegen. Noch bevor Katharina etwas davon mitbekam, wischte ich mir schnell übers Gesicht.

»Wein dich nur aus, das tut gut«, meinte sie. »Was passiert ist, das kann keiner mehr rückgängig machen. Versuche, nicht aufzufallen, lass deinen Mithäftling reden, was er will. Wenn es geht, gib ihm recht, sonst hast du bis zum Prozess immer Ärger. Außerdem wirkt sich das bestimmt nicht gut auf das Urteil aus, wenn du hier negativ auffällst.«

Ich nickte nur, suchte dabei ihre Hände, um sie festzuhalten. Sie schaute mir in die Augen und drückte leicht meine Hände. Die tröstenden Worte von Katharina machten mir Mut, durchzuhalten. »Es ist nichts mehr zu ändern«, wiederholte sie noch einmal.

Zwei Stunden waren schnell vergangen, wir wurden darauf aufmerksam gemacht, dass die Besuchszeit zu Ende war. »Oh«, sagte Katharina, »jetzt hätte ich fast vergessen, dir die Geschenke zu geben, die ich mitgebracht habe.« Dabei griff sie in den Jutebeutel neben sich und holte ein neueres Bild von ihr in einem Rahmen heraus, das ich fest in der Hand behielt. Dann reichte sie mir noch eine Tüte Schokodrops, meine Lieblingssorte. Ich gab ihr noch einen Kuss und sagte: »Ich habe noch eine kleine Bitte: Wenn du mich das nächste Mal besuchst, bring doch etwas Geld mit oder bitte meine Eltern darum, damit ich mir hier drinnen etwas kaufen kann.«

Katharina nahm ihr Portemonnaie und gab mir 100 Euro in 20er- und 10er-Scheinen. Ich fand, es war zu viel, worauf sie nur sagte: »Ist schon in Ordnung.«

»Das Geld muss ich abgeben, eigentlich hättest du das am Eingang schon angeben müssen. Uns ist es verboten, Geld mit in die Zelle zu nehmen. Wenn ich mir etwas kaufen will, muss ich das vorher bestellen, so streng sind hier die Regeln.«

»Na gut, dann nehme ich das mit raus und gebe es draußen einem Beamten für dich.«

Wir standen auf, umarmten uns und verabschiedeten uns voneinander. Ich hätte sie am liebsten nie mehr losgelassen, aber ein Beamter stand schon neben uns und räusperte sich. Schweren Herzens trennten wir uns voneinander und ich wurde zurück in meine Zelle gebracht.

Als Katharina wieder in ihrem Auto saß, begann sie zu weinen. Der Besuch hatte sie sehr mitgenommen. Nach einer Weile startete sie den Wagen und machte sich auf den Heimweg. Während der Fahrt dachte sie über unser Wiedersehen nach. Sie hatte Mitleid mit mir, denn auf Jahre würde das Gefängnis mein Zuhause sein.

*

Nach einem halben Jahr begann der Prozess gegen Manfred und mich. Die Gerichtsverhandlung war in der gleichen Stadt, in der Manfred und ich wohnten. Katharina machte sich früh auf den Weg zum Gericht, sie wollte dabei sein, um mir zur Seite zu stehen. Auch meine Eltern waren da sowie Manfreds Eltern. Um 8 Uhr sollte der Prozess starten. Manfred und ich wurden eine Viertelstunde vor Prozessbeginn in den Gerichtssaal geführt, und würdigten uns keines Blickes. Nachdem der Richter, der Staatsanwalt und unsere Verteidiger im Saal anwesend waren, wurde die Anklage durch den Staatsanwalt verlesen. Dabei wurde uns noch einmal klar vor Augen gehalten, was es für ein Verbrechen war, das wir verübt hatten.

Gleich im Anschluss ergriff mein Verteidiger das Wort. Dr. Klaus, so war sein Name, ging erst gar nicht auf das Verbrechen ein, das Manfred und ich verübt hatten, vielmehr versuchte er, den Richter davon zu überzeugen, dass die Verhandlungen von mir und Manfred getrennt durchgeführt werden müssten. Als Grund gab er an, dass Manfred sich durch mehrere Banküberfälle eines größeren Verbrechens schuldig gemacht hätte. Es wurde beschlossen, die Verhandlung zu unterbrechen, um sich mit den Beisitzern zu beraten.

Während der Pause wurden mir wieder Handschellen angelegt. Katharina und meine Eltern kamen zu mir und lernten dabei meinen Verteidiger kennen, der uns allen Mut machte. Er würde für mich alles versuchen, um die Strafe so niedrig wie möglich zu halten. Dabei hätte er auch schon eine gute Strategie.

Mit einem hasserfüllten Blick schaute Manfred zu uns hinüber. Er registrierte, wie sich meine Eltern und Katharina um mich bemühten, während seine Eltern und Andrea durch Abwesenheit glänzten. Dabei wird er sich wohl so seine Gedanken gemacht haben.

Genau nach einer Stunde wurden wir vom Gerichtsdiener aufgefordert wieder Platz zu nehmen, die Verhandlung ging weiter. Nachdem die Richter zurückkamen, standen alle auf, bis uns erlaubt wurde, wieder Platz zu nehmen. Der Antrag meines Verteidigers Dr. Klaus wurde angenommen. Der Prozess gegen Manfred würde separat verhandelt werden. Das war's. Die Sitzung war geschlossen. Der neue Prozesstermin würde Dr. Klaus zugestellt werden. Erleichterung bei meinem Anwalt, aber auch bei mir. Manfreds Verteidiger war nicht damit einverstanden, er wollte nur eine Verhandlung. Vermutlich sollte ich als Mitwisser früherer Banküberfälle fungieren. Das Gericht blieb aber bei seiner Entscheidung. Der Einspruch wurde abgelehnt.

Als ich mit Handschellen wieder in den Gefängnistransporter gebracht worden war, standen meine Eltern und Katharina noch allein mit Dr. Klaus zusammen. »Es ist ein gutes Zeichen, dass hier getrennt verhandelt wird«, sagte er zu meinen Eltern. »Von der Unschuld kann ich das Gericht zwar nicht überzeugen, aber ich werde versuchen, das Suchtverhalten mit einfließen zu lassen. Vielleicht kann Herr Müller eine Therapie im Gefängnis beginnen?«

In den nächsten Wochen konzentrierte sich Katharina auf die anstehende Arbeit. Einmal im Monat besuchte sie mich in Kassel im Gefängnis. Ich freute mich immer wie verrückt, wenn sie kam, war aber umso trauriger, wenn sie wieder gehen musste. An ihren Augen konnte ich ablesen, dass es ihr nicht anders erging. Nach einem Vierteljahr wurde erneut der Prozess gegen mich eröffnet. Wieder stellte mich die Staatsanwaltschaft als ausgemachten Verbrecher dar. Der Einzige, der mir in diesen Stunden etwas Trost gab, war mein Verteidiger Dr. Klaus. »Mein Mandant ist von seinem Freund, Herrn Herzig, dominiert worden. Auch das lange Zögern von Herrn Müller bis zur Einwilligung der Teilnahme am Überfall sprechen dafür. Herr Herzig musste seine ganze Überredungskunst aufbringen, um meinen Mandanten zum Mitmachen zu bewegen. Stellen Sie sich vor, in welchem Zwiespalt sich mein Mandant befand, hatte er durch seine Spielsucht schon einen Schuldenberg von 15.000 Euro angehäuft. Dann noch 5.000 Euro von seinem sogenannten Freund, der ja nur eines im Sinn hatte, Herrn Müller noch fester an sich zu binden. Dass mein Mandant die Tat begangen hat, ist unstreitig, aber man sollte auch in Betracht ziehen, unter welchem Druck er stand.«

Nachdem mein Verteidiger mit seinem Plädoyer fertig war, wurden die Zeugen und zwei Sachverständige angehört. Als Erstes kamen die Bankangestellten einzeln zur Zeugenaussage in den Gerichtssaal. Sie sagten aus, wie aus ihrer Sicht der Überfall abgelaufen war. Bald stellte sich heraus, dass Manfred während des Überfalls den Ton angegeben hatte, ich hätte die Anweisungen von meinem Kumpan befolgen müssen. Auch die Zeugin, die den Alarm ausgelöst hatte, sagte aus, dass sie dem Angeklagten angesehen hätte, dass er sich auf etwas eingelassen habe, das er schon während der Tat bereute. Als der andere Verbrecher mitbekommen hatte, dass dem Angeklagten ein Fehler unterlaufen war, hätte dieser in der Bank herumgebrüllt und den Angeklagten beschimpft. Dieser sei dabei unsicher geworden, hätte aber unmissverständlich gesagt: »Ich werde nicht mehr mitmachen. Was wir gemacht haben, ist nicht zu verzeihen.« Darauf hätte der andere erwidert: »Wenn du aufgibst, werde ich dich erschießen.«

Einer der Zeugen erklärte, dass der Angeklagte immer wieder versucht habe, Herrn Herzig zur Aufgabe zu bewegen. Doch dieser brüllte den Angeklagten mit den Worten: »Hättest du besser aufgepasst, dann wären wir schon längst zu Hause, du Idiot«, an. »Wir alle in der Bank wunderten uns, dass angebliche Freunde so ausrasten konnten. Wir merkten schon damals, dass der Angeklagte am liebsten alles hingeworfen hätte. In einem Moment, als Herr Herzig nicht anwesend war, ging der Angeklagte ans Telefon, nahm den Telefonhörer ab und wollte mit Dr. Pfeiffer sprechen. Er sagte auch gleich, dass er aufgeben wollte und war sichtlich nervös. Zu seinem Kumpan sagte er nur: ›Ich habe die Polizei verständigt, dass ich aufgebe, wir sind ganz schön tief im Schlamassel.‹« Sein angeblicher Freund habe ihn dann wieder mit einem Schwall von Schimpfwörtern bedacht. »Beim nächsten Anruf ging wieder Herr Herzig ans Telefon«, schilderte der Zeuge weiter. »Als die Polizei dann nach dem Angeklagten verlangte, brüllte er nur noch ins Telefon: ›Vergesst nicht das Geld und den Fluchtwagen.‹ Mit einem spöttischen Ton ›für dich‹, gab er seinem Freund das Telefon. Dieser nahm den Telefonhörer an sich und sprach mit dem Polizeipsychologen, was genau er jetzt machen sollte. Als seinem Kumpan dämmerte, das der Angeklagte wirklich aufgeben würde, drohte er ihm zum wiederholten Mal: ›Wenn du mich in Stich lässt, erschieße ich dich.‹ Der Angeklagte ließ sich nicht mehr beirren, ging zielstrebig zur Eingangstür und schob die Waffe heraus. Dann entschuldigte er sich bei uns. Zur gleichen Zeit kam ein Polizeiauto angefahren und nahm ihn in Empfang.«

Der Psychologe bestätigte, dass ich schwer spielsüchtig war und nur noch einen Tunnelblick hatte. Ich wollte an viel Geld herankommen und war Opfer meiner Sucht geworden.

Die Verhandlung ging über fünf Tage. Danach hatten wieder Staatsanwalt und Verteidiger das Wort. Der Staatsanwalt hatte während der Verhandlung ein gewisses Verständnis für mich erhalten, betonte aber, dass durch mein Verhalten Menschen in Angst und Schrecken versetzt worden waren, die heute noch darunter litten. »Außerdem«, so sagte er »sollten wir nicht vergessen, dass wenn der Raub geglückt wäre, Herr Müller sich bestimmt keine Gedanken über die Opfer machen würde. Herr Müller kann von Glück reden, dass es glimpflich ausgegangen ist.« Zum Schluss beantragte der Staatsanwalt eine Freiheitsstrafe von sieben Jahren und sechs Monaten. Als ich das hörte, erschrak ich. Wie sollte ich nur so lange Zeit ohne meine Verlobte aushalten?

Als mein Verteidiger sein Plädoyer hielt, kam er immer wieder darauf zurück, dass ich ganz von Manfred abhängig gewesen war, und zwar in allem, ganz besonders wegen der Spielsucht am Roulettetisch.

Ich hatte das letzte Wort. Ich stand auf und entschuldigte mich bei meinen Opfern, bei meinen Eltern und bei meiner Verlobten Katharina. Ich versicherte, dass ich nach Strafantritt sofort eine Selbsthilfegruppe gegen Spielsucht aufsuchen würde. »Es war der größte Fehler meines Lebens, nie mehr werde ich mich an solch einem Verbrechen beteiligen«, sagte ich zum Abschluss und setzte mich wieder.

Der Vorsitzende Richter beendete die Verhandlung und würde das Urteil am nächsten Tag um 8 Uhr verkünden.

In dieser Nacht schlief ich überhaupt nicht gut. Was wäre, wenn ich wirklich für eine solch lange Zeit im Gefängnis eingesperrt wäre? Klar, ich hatte es verdient, schließlich war ich ganz alleine schuld daran, auch wenn mein Verteidiger meine Spielsucht und Manfred vorschob. Doch ich hatte alleine entschieden, mitzumachen. Ich hätte nein sagen können, ich hätte den dummen Vorschlag von Manfred ablehnen können. Ich hätte schon nein sagen müssen, als Manfred immer wieder mit mir ins Casino wollte. Ich merkte gar nicht, dass nicht nur Manfred spielsüchtig war, nein, auch ich war süchtig nach dem Spiel. Ich hatte immer gedacht, ich könnte aufhören, ich könnte es einfach mit Roulette lassen, doch ich hatte mich getäuscht. Das Problem war eigentlich nicht, ständig beim Roulette zu verlieren, das Problem war, wenn man gewann. Der Misserfolg ist nicht die größte Gefahr, sondern der Erfolg. Wenn man vernünftig spielte, dann würden sich Gewinn und Verlust die Waage halten. Doch Roulette ist gefährlich. Mit dem Spielen beginnt eine schleichende Sucht, die man so nicht wahrnimmt. Dadurch, dass man immer mal wieder gewann, stellte sich ein Glücksgefühl ein, das man nicht mehr missen wollte. Es geht gar nicht darum, dass man einen großen Batzen Geld gewinnen möchte – na gut, ich möchte ehrlich sein, das ist natürlich auch ein Grund –, sondern vielmehr geht es um dieses Glücksgefühl, das sich nach einem Gewinn (egal wie hoch er war) einstellt. Dieses gute Gefühl, mit dem man nach Hause geht, darauf mag man niemals mehr verzichten. So zumindest war es bei mir. Und dass Manfred auch süchtig war, steht außer Frage. Wie sonst erklärt es sich, dass er die Banküberfälle nur begangen hat, um mit dem Geld ins Casino zu gehen? Schließlich besaß er nach den Überfällen doch genug Geld. Aber darum ging es ihm nicht, es ging ihm um das Glücksgefühl, das sich nach einem Gewinn im Casino einstellte.

Am Tag der Urteilsverkündung waren meine Eltern und Katharina mit ihrem Vater im Gerichtssaal. Ich war mehr als angespannt. Wie nur würde das Urteil ausfallen? Pünktlich um 8 Uhr begann die Urteilsverkündung. Als Erstes wurde das Strafmaß verlesen. Ich wurde zu 6 Jahren und 3 Monate verurteilt, die Untersuchungshaft von 9 Monaten wurde angerechnet. Der Vorsitzende Richter erläuterte das hohe Strafmaß mit der Begründung, dass Bankraub mit Geiselnahme ein schweres Kapitalverbrechen sei und deshalb die ganze Härte des Gesetzes angewandt werden müsste. Mein Verhalten wurde dabei mit eingerechnet. Hätte ich mich nicht so kooperativ verhalten, wäre die Strafe um mindestens zwei Jahre höher gewesen. Zum Schluss gab mir der Richter noch den guten Rat, mich einer Therapie gegen die Spielsucht zu unterziehen. Auch sollte ich mich im Gefängnis so verhalten, dass ich nicht auffällig würde. Bei guter Führung wurde mir in Aussicht gestellt, schon nach 3 Jahren entlassen zu werden und den Rest der Strafe auf Bewährung auszusetzen.

Katharina war entsetzt. Mit einer solch hohen Strafe hatte sie nicht gerechnet. Auch ich war wie gelähmt vor Schreck, nahm ohne Regung die Strafe an. Als ich in Handschellen aus dem Gerichtssaal geführt wurde, stand plötzlich Katharina neben mir. Sie lächelte mich an und sagte: »Das schaffen wir auch noch.«
Ich lächelte zurück und nickte.

*

Im ersten Brief nach dem Gerichtsurteil schrieb ich an Katharina:

Ich bin in ein anderes Gefängnis verlegt worden, ganz in der Nähe unserer Stadt. Außerdem habe ich jetzt eine Einzelzelle, brauche mich nicht um andere zu kümmern. Jetzt hat auch dein Bild ein Ehrenplatz bekommen.
Wenn ich morgens aufwache, sehe ich dich, mein Schatz, dann ist meine Welt fast wieder in Ordnung. Ich werde für dich so früh wie möglich eine Besuchserlaubnis beantragen, ich habe doch solche Sehnsucht nach dir.

Ich liebe dich.
Jürgen

Die Besuchserlaubnis dauerte nicht lange. Von da an besuchte Katharina mich alle vier Wochen. Ein Antrag auf Revision des Urteils wurde auf Anraten des Anwaltes nicht gestellt. Bei einem Besuch machte Katharina mir den Vorschlag, dass ich doch Fachbücher zur Vorbereitung auf die Meisterprüfung beantragen sollte. Doch vorerst wurde dies abgelehnt, mit der Begründung, dass ich erst eine Suchttherapie gegen das Spielen machen sollte. Wenn das erfolgreich abgeschlossen war, könnte ich erneut einen Antrag auf Genehmigung der Bücher stellen.
Ich versuchte, mich so zu verhalten, dass kein Streit oder keine sonstige Auseinandersetzung aufkam. Mein gutes Verhalten wurde bald von der Gefängnisdirektion registriert. Bei meinen Mithäftlingen kam es nicht so gut an, so war ich fast immer alleine. Ich tröstete mich mit dem Gedanken an meinen Schatz, das gab mir Trost. Ihre Briefe las ich immer wieder durch, sodass ich sie bald auswendig kannte.

Erfolgreich wurde die Suchttherapie durch meine Mitarbeit beendet. Eine erneute Beantragung der Fachbücher für die Meisterprüfung wurde von der Gefängnisdirektion genehmigt. Ich freute mich darüber und vergaß für einen Moment, dass ich im Gefängnis saß. Zuvor hatte sich Katharina an der Handwerkskammer erkundigt, ob ein Vorbestrafter auch die Meisterprüfung ablegen könnte. Es gab keine Einwände.

Ich lernte jede freie Minute für die Meisterprüfung und freute mich auf die vierwöchigen Besuche von Katharina.

Auch Manfred wurde der Prozess gemacht. Er verlief ähnlich wie bei mir. Nur kamen noch die drei zusätzlichen Banküberfälle hinzu. Auch eine gewisse Kaltblütigkeit wurde im Strafmaß mit angerechnet. Manfred wurde zu 12 Jahren Gefängnis verurteilt, mit Anrechnung der Untersuchungshaft. Auch hier gab ihm der Vorsitzende Richter mahnende Worte mit auf den Weg. Er könnte seine Strafe reduzieren, wenn er eine Therapie wegen Spielsucht machte, aber auch nicht im Gefängnis auffällig würde.

Ein Jahr nach meiner Verurteilung fragte Andrea Katharina, ob sie mit ihr nach Mallorca in den Sommerurlaub fliegen würde. Katharina lehnte ab. Sie wollte ohne mich nirgendwohin fliegen. Als sie mir davon erzählte, versuchte ich sie zu überreden, mit Andrea in den Urlaub zu fliegen. »Du hast es dir wirklich verdient«, meinte ich während einer ihrer Besuche. »Du bist nur noch am Arbeiten. Gönn dir doch mal die zwei Wochen Auszeit. Ich habe ganz bestimmt nichts dagegen.«

»Meinst du wirklich?«

Sie war recht unentschlossen, ob sie wirklich zusammen mit ihrer Freundin in den Urlaub fliegen sollte.

Ich gab ihr einen Kuss und sagte: »Ich bestehe darauf.«

Sie lächelte mich an. »Na gut, aber wenn du hier draußen bist, holen wir das nach.«

»Klar«, antwortete ich ihr.

Andrea freute sich sehr, dass ihre Freundin es sich doch noch einmal überlegt hatte. Ihr Flieger ging früh morgens um 6 Uhr. Noch etwas verschlafen saßen sie im Flugzeug und freuten sich auf Sonne, Strand und Meer. Der Urlaub tat beiden sehr gut. Andrea lernte einen jungen Mann kennen, in den sie sich sogleich verliebte. Sein Name war Andreas. Jeden Abend zogen Andrea, Andreas, Katharina und Andreas' Freund Michael um die Häuser. Tagsüber trafen sie sich am Strand. Von Katharina fielen alle Sorgen ab, sie lebte nur noch im Hier und Jetzt. Vergessen war ihr Verlobter, der im Gefängnis saß und erst in ein paar Jahren wieder freie Luft schnuppern würde. Eines Abends, die vier saßen am Strand, griff Michael nach ihrer Hand. Anfangs zog Katharina sie zurück, ließ es sich dann aber doch gefallen. Er zog sie in seine Arme und sie schauten sich gemeinsam den Sonnenuntergang an. Sie unterhielten sich über Gott und die Welt, doch das Thema Spielcasino und Verlobter hielt sie in den hintersten Winkeln ihres Bewusstseins versteckt. Es tat ihr so gut, einmal ohne Sorgen das Leben zu genießen. Sie merkte, wie kleine Schmetterlinge in ihrem Bauch flatterten, als Michael über ihre Hand streichelte. Er sah ihr tief in die Augen und ihre Gesichter näherten sich langsam, bis sie sich in einem zärtlichen Kuss verloren. Katharina hätte die ganze Nacht zusammen mit Michael am Strand sitzen können, doch irgendwann kam Andrea zu ihr und meinte, sie müssten jetzt in ihr Hotelzimmer. Nur widerwillig erhob sich Katharina und ging mit ihrer Freundin mit. »Was war denn das?«, fragte Andrea.

»Was meinst du?«, stellte sich Katharina unwissend.

»Na der Kuss. Was ist mit deinem Verlobten?«

Erst jetzt ließ Katharina die Realität in ihr Bewusstsein strömen und sofort stellte sich bei ihr ein schlechtes Gewissen ein. Ihr geliebter Jürgen saß im Gefängnis und sie ließ es sich hier mit einem anderen Mann gut gehen. Was war nur mit ihr los? Gleich am nächsten Morgen musste sie das klarstellen.

»Das war ein Fehler«, antwortete Katharina. »Irgendwie hat mich die Urlaubsstimmung hier vergessen lassen. Ich werde das morgen klären«, sagte sie bestimmt.

Als sie sich am nächsten Tag mit ihrer Urlaubsbekanntschaft traf, erklärte sie ihm, dass das gestern nicht hätte passieren dürfen. »Ich habe mich hinreißen lassen«, sagte sie, »dabei habe ich doch einen Verlobten.«

Michael presste die Lippen zusammen und schaute sie an. Dann nahm er seine Hand und streichelte ihre Wange »Ist nicht schlimm«, sagte er, »wichtig ist nur, dass du es mir rechtzeitig gesagt hast.«

Nach zwei schönen Wochen hatte der Alltag Katharina wieder. Andrea war nur noch mit Andreas unterwegs, der zufällig ganz in der Nähe wohnte. Katharina gönnte ihrer Freundin ihre neue Liebe. Diesmal schien es der Richtige zu sein. Allerdings verzichtete Katharina auf ein gemeinsames Ausgehen, denn da hätte sie sich wie das fünfte Rad am Wagen gefühlt. Stattdessen stürzte sie sich in die Arbeit und renovierte ihre Wohnung.

Bei einem Besuch flossen diesmal Tränen der Freude. Katharina sollte raten, was sich diese Woche im Gefängnis ereignet hatte. Vor Aufregung wusste ich nicht, wie ich anfangen sollte. »Jetzt raus mit der Sprache«, sagte Katharina und kniff mich in den Arm.

Ich strahlte sie an. »Ich habe bei der Gefängnisdirektion den Antrag gestellt, vorzeitig aus dem Gefängnis entlassen zu werden. Es wurde ein Gutachten über mich erstellt. Sie kamen zum Resultat, dass ich keine Gefahr für die Gesellschaft mehr darstelle. Es wird aber bestimmt noch ein halbes Jahr dauern, bis ein Gericht entscheidet.«

Katharina war sprachlos, mit solch einer Überraschung hatte sie nicht im Entferntesten gerechnet. Sie fing an, vor Freude zu weinen und konnte sich auch nicht beruhigen. Eine Wärterin kam zu ihr, gab ihr ein Taschentuch, und zu mir sagte sie: »Nun nehmen sie doch ihre Verlobte endlich in den Arm.«

Ich stand auf, hielt meinen Schatz ganz fest und ließ sie nicht mehr los. Ich merkte, dass sie am ganzen Körper zitterte – vor Freude.

Es dauerte eine Weile, bis Katharina sich beruhigt hatte. Wir unterhielten uns nur über meine Entlassung. Während wir uns verabschiedeten, berichtete Katharina noch von Andreas neuen Freund: »Sie sind genauso verliebt wie wir.«

Dabei lächelte sie mich an und ich gab ihr einen Kuss.

Als Katharina aus dem Gefängnis trat, rief sie gleich ihre Eltern an und erzählte sofort die gute Neuigkeit. Ihr Vater und ihre Mutter freuten sich mit ihr. Nun dauerte es nicht mehr lange, bis alles wieder gut würde.

Abends im Bett malte Katharina sich aus, wie es werden würde, wenn ich wieder bei ihr wäre. Dabei kam Wehmut auf. Sie dachte an die Zeit, als wir uns kennengelernt hatten. Doch möglicherweise hatte sich ihr Verlobter auch verändert.

Es verging Woche um Woche. Von Besuch zu Besuch wurde die Sehnsucht immer größer. Beim letzten Besuch erfuhr Katharina, dass die Haftentlassung kurz bevorstand. Ich ging auf Katharina zu und umarmte sie. Bevor die Wärter eingreifen konnten, löste sich Katharina von mir. Ich erzählte mit strahlendem Gesicht, dass die Gefängnisdirektion mich informiert hatte, dass meine restliche Strafe zur Bewährung ausgesetzt würde. Katharina war außer sich vor Freude, nahm beide Hände und drückte sie fest an sich. Sie sprach leise dabei: »Ich liebe dich immer noch. Es ist eine Liebe, die durch die Wirren der Zeit immer fester wurde.« Dabei schauten wir uns in die Augen.

Wir waren einfach glücklich über die baldige Haftentlassung. »Das ist für mich das schönste Weihnachtsgeschenk«, meinte Katharina und strahlte dabei wie ich. Dann erzählte sie noch, dass Andrea und Andreas sich an Silvester verlobten. »Es wird bestimmt sein wie früher, wir sind natürlich eingeladen.«

Es freute mich, dass auch Andrea das große Glück gefunden hatte. »Ich habe Andreas übrigens erzählt, dass du in Norwegen für mehrere Monate gearbeitet hast.«
»Das ist schon in Ordnung«, meinte ich. »Müssen wir auch nicht unbedingt an die große Glocke hängen, was ich die letzten Jahre so gemacht habe. Ich bin wahrlich nicht stolz drauf.«
Die Besuchszeit verging mal wieder viel zu schnell für uns. Als ich aus dem Raum geführt wurde, winkte mir Katharina noch. Ich freute mich so sehr, dass wir uns bald nicht mehr stundenweise unter Aufsicht sehen würden. Bald hatte der ganze Spuk ein Ende.

Zu Hause erzählte sie die tolle Neuigkeit ihren Eltern, die sich natürlich auch freuten. »Wie soll es denn eigentlich weitergehen, wenn Jürgen aus dem Gefängnis entlassen wird«, fragte Vater Bernhard.
»Wir haben schon alles besprochen«, antwortete Katharina. »Sobald Jürgen aus dem Gefängnis kommt, soll er sich ein bisschen erholen und dann in unserer Firma anfangen. Dass er nicht den gleichen Lohn wie unsere Gesellen erhält, die schon jahrelang in unserem Betrieb arbeiten, ist mir klar. Sobald er bei uns anfängt, wird er sich für die Meisterschule anmelden. Er hatte sich ja schon im Gefängnis gut vorbereiten können.«
»Und du bist dir sicher«, hakte ihr Vater nach.
»Ja, bin ich«, antwortete Katharina. »Ich lasse ihn nicht mehr alleine, auch wird er bei mir wohnen.«
Bevor der Vater einen Einwand erheben konnte, meinte ihre Mutter: »Nun lasst es doch erst einmal alles auf uns zukommen.«
»Ich schaue voller Zuversicht in die Zukunft!«, sagte Katharina und meinte es auch so.

Die letzten Wochen bis zur Entlassung zogen sich. Der Rest der Strafe wurde auf fünf Jahre zur Bewährung ausgesetzt. Anfang Dezember war es so weit, ich wurde entlassen. Pünktlich um 12 Uhr wartete Katharina vor dem Gefängnistor auf mich. Das Erste, was sie mir erzählte, war: »Ich konnte fast die ganze Nacht nicht schlafen, so aufgeregt war ich.«

Die Begrüßung nach drei Jahren und drei Monaten Haft hatte sich Katharina allerdings anders vorgestellt. Ich gab ihr nur einen flüchtigen Kuss. Nachdem ich die Koffer im Wagen verstaut hatte, setzte ich mich neben sie und meinte: »Wir können los.«

Ich wollte so schnell wie möglich weg von diesem Ort, den ich die letzten Jahre sehr gut kennengelernt hatte. Es war eine schwere Zeit, nicht immer lief alles perfekt. Oft gab es Ärger, Sticheleien, die ich aushielt, um möglichst früh aus dem Gefängnis entlassen zu werden. Nein, es war kein Zuckerschlecken. Während der Fahrt war es still, in mir fand ein Kampf statt, aus Scham, was ich Katharina und unseren Eltern angetan hatte.

Meine Mutter brach in Tränen aus, als Katharina und ich zur Haustür hereinkamen. Sie nahm mich erst einmal in den Arm, drückte mich fest an sich sagte dabei: »Ich bin ja so froh, dich wieder zu Hause zu haben.«

Auch mein Vater nahm mich wortlos in den Arm, die stille Geste sprach Bände. Meine Mutter hatte Kuchen gebacken und Kaffee gekocht. Wir setzten uns an einen hübsch gedeckten Kaffeetisch und ließen es uns gutgehen. Während wir zusammensaßen, schwankte meine Stimmung. Einerseits war ich glücklich, das Gefängnis endlich hinter mir gelassen zu haben, andererseits fühlte ich mich furchtbar, wenn ich daran dachte, welch ein Leid meine Eltern und Katharina erfahren mussten durch meine Spielsucht, durch meine Blödheit. Nach dem Kaffeetrinken räumte ich zusammen mit Katharina das Auto aus und trug meine Sachen in mein Zimmer. Dort setzte ich mich auf mein Bett und kämpfte mit den Tränen. Ich wusste nicht, wie ich Katharina um Verzeihung bitten konnte. Als sie ins Zimmer kam und mich auf dem Bett sitzen sah, ging sie zu mir und nahm mich in den Arm. Tränen flossen über mein Gesicht. Sie streichelte mir durch die Haare und sagte dabei: »Liebster, jetzt sind wir wieder zusammen, es wird alles gut!«

Dann brach es auch bei ihr heraus, wir trockneten unsere Tränen gegenseitig. Ich bat sie zum wiederholten Mal um Verzeihung und schluchzte: »Verlass mich nicht. Du hättest allen Grund dazu.«

Mit stockender Stimme erwiderte sie: »Meinst du, ich habe all die Jahre auf dich gewartet, dich regelmäßig im Gefängnis besucht, wenn ich dich nicht lieben würde?«

Ich schaute sie an. Was hatte ich nur für ein Glück, eine solch tolle Verlobte zu haben.

»Es braucht seine Zeit«, meinte Katharina, »bis wieder Normalität einkehrt. Meine Eltern freuen sich mit uns, dass du wieder in Freiheit bist, mach dir darüber keine so großen Gedanken.«

Ich verließ in den nächsten drei Wochen nicht das Haus. Tagsüber war ich alleine mit meinen Eltern. Dabei versank ich immer tiefer in Depressionen. Der zaghafte Versuch, mich zum Ausgehen zu überreden, schlug immer fehl.

An einem Samstagnachmittag, Katharina versuchte, mich mit Streicheleinheiten zu überreden, auszugehen wie früher, platzte auf einmal der angestaute Frust aus mir heraus: »Jeder geht mit mir um, als wäre in den letzten Jahren nichts passiert. Ich habe Jahre im Gefängnis gesessen, weil ich eine Bank mit Geiselnahme ausrauben wollte. Ich bin ein Verbrecher, und mir ist bewusst, dass es mich ein Leben lang begleiten wird. Meine Eltern tun so, als wäre nichts passiert, oder dass es nicht schlimm wäre, aber es ist schlimm genug. Zu deinen Eltern traue ich mich nicht, ich habe das gute Verhältnis selbst zerstört.«

Katharina war über meinen Wutausbruch so erschrocken, dass sie ihre Tasche nahm und fluchtartig das Haus verließ. Sie stieg in ihr Auto und fuhr sofort nach Hause.

Als meine Mutter das mitbekam, stürzte sie in mein Zimmer und sagte mir erst einmal die Meinung. »Was glaubst du eigentlich, was wir alle hier mitgemacht haben, als wir aus dem Fernsehen erfuhren, was du und Manfred verbrochen habt. Katharina hatte einen Nervenzusammenbruch, ich übrigens auch. Wart ihr von allen guten Geistern verlassen, so ein Verbrechen zu begehen? Sei froh, dass sie bei dir geblieben ist, so eine Frau gibt es nur einmal. Sie hat dich im Gefängnis unterstützt, selbst wenn dich der Mut am Anfang verlassen hat. Du nimmst dir heraus, uns Vorwürfe zu machen? Sie hat alles ertragen, selbst als ihr nahegelegt wurde, sich von dir zu trennen – wie es Andrea übrigens sofort mit Manfred gemacht hat. Katharina hielt zu dir, was ein großer Beweis ihrer Liebe ist. Sie ließ den Kontakt zu uns nicht abbrechen, besuchte uns jede Woche. Sie beteuerte immer wieder: ›Wir bleiben zusammen!‹, oder meinst du, es war einfach für sie? Die Briefe, die sie dir jede Woche geschrieben hat, sollten dir doch das Gefühl geben, dass du nicht alleine bist, dass jemand auf dich wartet.«

Nachdem sie alles losgeworden war, nahm sie mich in den Arm. Ich glaube, meiner Mutter tat es leid, mir so den Kopf zu waschen, aber es musste wohl sein. »Am besten, du rufst jetzt Katharina an und entschuldigst dich für deine schroffe Art.«

Ich schämte mich. Meine Mutter hatte recht. Natürlich hatte sie das. Wie hatte ich Katharina nur so angehen können? Ich griff zum Telefonhörer und wählte ihre Nummer. Als sie den Hörer abnahm, fing ich an zu stottern und entschuldigte mich. Katharina ließ mich erst ein bisschen zappeln, willigte dann aber ein, mit mir zu sprechen. Auf die Frage, ob sie denn heute noch einmal vorbeikomme, sagte sie: »Nein, aber morgen können wir darüber reden, ich muss erst einmal darüber schlafen und komme nach dem Mittagessen zu dir.«

In Gedanken durchlebte ich noch einmal alle Widrigkeiten, die ich im Gefängnis ertragen musste. Ich war völlig neben mir. Meine Schuld belastete mich sehr. Wie sollte ich nur mit allem fertig werden?

Am nächsten Tag kam Katharina wie vereinbart bei mir vorbei. Wir machten einen Spaziergang, obwohl es ziemlich kalt war. Ich war froh, dass Katharina überhaupt wieder zu mir gekommen war nach diesem Vorfall. Während des Spaziergangs nahm ich ihre Hand. An einem geschützten Platz im

Schlossgarten setzten wir uns auf eine Bank. Ich wusste nicht, wie ich anfangen sollte, die Ereignisse hatten mich in Verlegenheit gebracht. Deshalb blieb Katharina nichts anderes übrig, als selbst das Gespräch zu beginnen. Sie verlangte zu wissen, warum ich gestern so ausgerastet war. Ich versuchte mich zu rechtfertigen und entschuldigte mich noch einmal. »Du warst gut zu mir, hast immer zu mir gehalten, was wäre sonst aus mir geworden?«

Dabei nahm ich ihre Hand und hielt sie fest. Katharina merkte, dass ich den Ring ausgezogen hatte. Sie zeigte mit dem Finger auf meine Hand: »Den ziehst du aber wieder an!«

Im ersten Moment begriff ich nicht, was sie meinte. »Den Verlobungsring habe ich gemeint«, antwortete sie.

»Wollen wir nicht den Wutausbruch vergessen?«

Das Eis zwischen uns beiden war geschmolzen. »Jetzt müssen wir in die Zukunft blicken!«, meinte Katharina. »Mit meinem Vater habe ich schon gesprochen. Für dich steht eine Arbeitsstelle bereit. Du musst dich aber selber bei ihm vorstellen, das ist seine einzige Bedingung.«

Ich war froh, dass alles so glimpflich abgelaufen war und war mit allem einverstanden. Aus Scham vor Katharinas Eltern wollte ich aber heute nicht mehr mit ihnen sprechen.

»Dann versprich mir, dass du morgen Abend zu uns nach Hause kommst. Dein Leben soll doch wieder einen Sinn bekommen. Mein Vater wird dir schon nicht den Kopf abreißen«, verlangte sie.

Dabei nahm sie mich in den Arm.
Ich nickte.

Am nächsten Tag berichtete Katharina ihrem Vater, dass ich am Abend wegen dem Vorstellungsgespräch kommen wollte. »Warum erst bis heute Abend warten, er kann doch schon heute Vormittag kommen«, antwortete ihr Vater. »Wir haben uns noch lange heute Nacht unterhalten, je eher er wieder zur arbeiten anfängt, desto schneller kommt auch der Alltag wieder. Dann könnt ihr besser für die Zukunft planen, aber in den ersten sechs Monaten möchte ich sehen, ob ihm das Gefängnis geschadet hat.«

Katharinas Augen fingen an zu leuchten, mit so viel Toleranz vonseiten ihres Vaters hatte sie nicht gerechnet. »Jürgen hat sich schon im Gefängnis auf die Meisterschule vorbereitet, wenn er eingearbeitet ist, möchte er die Meisterprüfung machen. Ich rufe ihn gleich an, dass er schon zum Mittagessen kommen kann.«

Als ich vor der Haustüre stand, wurde meine Spannung immer größer. Katharina öffnete nach dem ersten Klingeln die Tür. Sie sah mir an, dass ich total nervös war und nahm mich in den Arm. »Es wird schon nicht so schlimm werden.«

Sie führte mich ins Esszimmer, wo ihre Eltern schon auf mich warteten. Katharinas Mutter stand sofort auf, als sie mich sah und kam zu mir: »Ich bin froh dass du wieder da bist.«

Sie nahm meine Hand und drückte sie. Bernhard reichte mir auch seine Hand und meinte nur: »Herzlich willkommen!«

Während des Mittagsessens wollte Bernhard wissen, wie der Alltag im Gefängnis gewesen war. Im ersten Moment waren alle erschrocken. Brigitte gab ihrem Mann unter dem Tisch einen Tritt. »Das macht nichts«, erwiderte ich und lächelte, weil ich bemerkt hatte, wie erschrocken Brigitte und Katharina waren. »Ich bin froh, einmal von meinem Alltag in der Haft zu erzählen.«

Ich war direkt erleichtert, dass von Katharinas Eltern noch so viel Interesse an mir bestand. So fing ich an zu erzählen: »Früh um 6 Uhr wurde wir geweckt, Frühstück wurde verteilt. Bevor wir zur Arbeit gingen, mussten erst unsere Zellen aufgeräumt werden. Am Anfang war es schwer für mich, dabei wurde mir jeden Tag bewusster, auf was ich mich eingelassen hatte. Versteht mich nicht falsch, ich will nicht die Schuld bei Manfred suchen, ich bin ja alt genug. Nach der Gerichtsverhandlung bekam ich zeitnah einen Therapieplatz, dort wurde mir klargemacht, dass es im Spielkasino nichts zu gewinnen gibt. Die Kriminalität unter den Gefangenen war groß, meistens wurde gemobbt oder bedroht, besonders die neuen Häftlinge waren das Ziel solcher Attacken. Mir ging es am Anfang auch nicht besser. Nur weil ich etwas Talent hatte zum Porträtzeichen, konnte ich dem Wortführer, sein Name war Klaus, ein Porträt erstellen. Ich schenkte es ihm, von da an stand ich unter seinem Schutz. Keiner wagte es, sich mit mir anzulegen. Mit der Zeit wollten alle Mithäftlinge ein Bild von mir gezeichnet bekommen, dabei kam für mich außer dem Verdienst noch eine kleine Summe zusammen.«

Alle hörten gebannt zu.

»Wann willst du eigentlich im Betrieb anfangen?«, fragte Bernhard. »Wie wäre es am Ersten des nächsten Monats?«

»Am liebsten morgen«, meinte ich, »damit mein Leben wieder einen Sinn bekommt.«

Bernhard und Katharina waren richtig überrascht von meinem Vorschlag. Nach kurzer Überlegung stimmte Bernhard zu. »Na gut«, morgen früh um 7 Uhr ist Arbeitsbeginn. Es ist bald Weihnachten, danach ist unser Betrieb geschlossen bis ins neue Jahr. Die erste Woche kannst du dich ein bisschen hier im Lager nützlich machen. Dabei lernst du deine neuen Mitarbeiter kennen. Nur Lohn bekommst du dafür nicht.«

Dass ich so schnell wie möglich arbeiten wollte, wunderte besonders Katharina. Ihre Befürchtung war, dass ich der Arbeit so lange wie möglich aus dem Weg gehen würde. Ich dagegen wollte so früh wie möglich wieder arbeiten, um einen geregelten Tagesablauf zu haben. »Du warst über drei Jahre nicht in deinem Beruf«, sagte Bernhard, »deshalb werde ich dir im ersten halben Jahr nicht den vollen Lohn bezahlen. Hast du dich gut eingearbeitet, bekommst du automatisch den Tariflohn. Ansonsten stehen dir Urlaub und alle sozialen Zuwendungen zu. Bist du damit einverstanden?«

Ich war im Grunde froh, überhaupt noch mit Katharina zusammen zu sein und mit den Arbeitsbedingungen war ich sowieso einverstanden.

Nach dem Mittagessen gingen wir in Katharinas Wohnung. Wir unterhielten uns über unsere Zukunft. Dabei meinte ich: »Wenn ich erst einmal wieder so richtig Fuß gefasst habe, mache ich die Meisterprüfung, dann heiraten wir endlich.«

Katharina freute sich über meinen Arbeitseifer. Sie erwiderte: »Eine Meisterschule kannst du schon gleich besuchen, vorausgesetzt, es beginnt ein Kurs. Auch will ich mit der Hochzeit nicht mehr allzu lange warten.«

Ich nahm sie in den Arm: »Wenn du meinst. Ich habe nichts dagegen.«

Am nächsten Morgen pünktlich um 7 Uhr war ich da. Bernhard, der inzwischen ebenfalls im Büro eingetroffen war, merkte mir an, dass ich aufgeregt war. Er meinte: »Es wird schon alles gut werden.«

Mittlerweile kamen der Reihe nach alle Arbeitskollegen ins Büro, und ich wurde jedem einzelnen vorgestellt. Als alle Mitarbeiter auf dem Weg zur Baustelle waren, wurde auch mir meine Arbeit gezeigt. Es dauerte nicht lange, da stand meine Verlobte hinter mir. Als ich sie sah, unterbrach ich meine Arbeit und sagte lachend: »Du hältst mich von der Arbeit ab.«

Der erste Arbeitstag war anstrengend, es war eben doch eine Umstellung gegenüber dem Gefängnisalltag. Aber ich war froh und glücklich.

In den nächsten Tagen ereignete sich nichts Neues, ich musste im Lager arbeiten. Unterbrochen wurde ich nur durch meinen Schatz, der mich immer mal wieder angenehm von der Arbeit abhielt. Die Weihnachtswoche war schon zur Hälfte vorbei, als am letzten Arbeitstag, wie jedes Jahr, die Weihnachtsfeier anstand. Es ging lustig zu, wie bei Leuten vom Bauhandwerk üblich. Am fortgeschrittenen Abend, nach reichlich Alkohol, wollten einige von mir wissen, in welchem Betrieb ich vorher gearbeitet hatte. Als Ausrede nannte ich Norwegen, wegen des Verdienstes. Warum ich denn dann zurückgekommen war, wollten einige wissen. Darauf wusste ich keine Antwort. Um Mitternacht bekam jeder noch sein

Weihnachtsgeld ausgehändigt, auch ich wurde nicht vergessen. In dieser Nacht blieb ich bei Katharina, wir träumten von der Zukunft, die wir uns rosig ausmalten.

Am Morgen, es war der 24. Dezember, wurde ich als Erster wach und schaute auf Katharina. Sie lag da wie ein Engel, am liebsten hätte ich sie in den Arm genommen. Um sie nicht zu wecken, lag ich still neben ihr. Die Gedanken wirbelten mir im Kopf herum, besonders über die Vergangenheit. In diesem Moment wachte auch Katharina auf, sie war richtig erschrocken, und fragte, was los sei. »Ach, mein Schatz, ich habe mir gerade darüber Gedanken gemacht, was ich euch angetan habe. Es macht mich immer wieder traurig.« Dann nahm ich Katharina in den Arm und gab ihr einen dicken Kuss. »Aber ich bin so glücklich, dass ich dich habe.«

Während wir uns anzogen, entdeckte Katharina einen Brief von der Sparkasse auf dem Boden. Er war aus meiner Jacke herausgefallen. »Was ist das?«, fragte sie mich.

»Oh, den. Den habe ich vor ein paar Tagen von der Post erhalten.«

Ich reichte ihr den Brief. Sie öffnete ihn und las. Nach einer Weile legte sie das Schreiben beiseite und schaute mich entsetzt an. Sie war etwas blass um die Nase herum geworden. »Du hast einen Kredit über 15.000 Euro aufgenommen?«, fragte sie ungläubig. »Und jetzt kommen für die Jahre noch Zinsen dazu, daraus ist ein Gesamtbetrag von etwa 21.000 Euro geworden.«

Ich nickte.

»Und wie hast du dir vorgestellt, deine Schulden zurückzubezahlen?«

»Ich werde mit der Bank vereinbaren, jeden Monat einen festen Betrag zu zahlen.«

Katharina ließ sich von mir in den Arm nehmen, sagte aber zu mir: »Hast du so wenig Vertrauen zu mir, ich dachte, wir würden uns alles erzählen, auch die Sorgen. Warum hast du mir den Brief nicht gezeigt, als du ihn erhalten hast?«

»Doch, ich habe Vertrauen in dich und ich erzähle dir auch meine Sorgen, aber ich wollte dir die Weihnachtsfreude nicht nehmen, damit wollte ich warten bis nach Weihnachten. Ich hatte die Befürchtung, dass, wenn du das mit den Schulden erfährst, du sehr enttäuscht sein würdest. Außerdem habe ich bei Manfred noch 5.000 Euro Schulden. Das ist jetzt noch nicht wichtig, der muss noch lange sitzen. Aber irgendwann wird er die einfordern, da bin ich mir sicher.«

»Da habt ihr aber ganz schön wild gespielt! Ich hoffe, es kommen nicht noch mehr Überraschungen?«

Ich schüttelte den Kopf. »Nein, das war es erst mal.«

Ich lächelte sie an. Dass Katharina es so locker genommen hatte, damit hatte ich nicht gerechnet.

*

Ich bekam mein Leben wieder in den Griff. Die Arbeit in der Firma von Katharinas Vater machte mir großen Spaß. Die Arbeitskollegen erkannten mich als den ihren an, obwohl sie wussten, dass ich mit der Tochter des Chefs verlobt war. Doch da ich keine Sonderbehandlung erhielt und meine Arbeit immer gut und zuverlässig erledigte, kam auch diesbezüglich keine Missstimmung in der Firma auf.

Ans Casino dachte ich nicht mehr. Ich war vom Spielen, vom Nervenkitzel, einen großen Gewinn zu machen, vollständig weg. Im Gegenteil. Das Casino hat mein Leben zerstört. Ich hatte einfach nur unglaubliches Glück, dass Katharina bei mir geblieben war, obwohl ich so eine große Dummheit begangen hatte. Ich wusste genau, wie es zu der Spielsucht gekommen war, die ich erst im Nachhinein erkannte. Dadurch, dass ich immer mal wieder kleinere Beträge im Casino gewann, löste das bei mir diese Glücksgefühle aus. Ich fühlte mich einfach gut, wenn ich mit ein paar Hundert Euro Gewinn aus dem Casino herausging. Ja, das hob mein Selbstbewusstsein um so einiges an. Hätte ich ständig im Casino verloren, wäre ich dort über kurz oder lang nicht mehr hingefahren. Manche Menschen sind richtige Spieler. Damit meine ich natürlich nicht Manfred. Wenn man beim Roulette die Nerven behält und genauso spielt, wie man es sich vorgenommen hat – und auch genau dann aufhört –, dann ist man ein guter Spieler. Ich hatte immer wieder die Nerven verloren und beim Rausgehen doch noch mal einen höheren Einsatz auf eine Zahl gesetzt. Das war immer ein großer Fehler gewesen. Die Spielbank *muss* spielen, der Gast *kann* spielen, das heißt, die Spielbank kann nicht aufhören, wenn sie am Abend große Gewinne macht, der Gast schon. Und er MUSS dann auch aufhören. Ich habe es immer versucht, mein Wille war aber zu schwach und ich ließ mich immer wieder von der rollenden Kugel einfangen, von dem Gefühl, dass es vielleicht doch mal klappt mit einem hohen Gewinn. Natürlich habe ich von der Sucht nichts bemerkt. Kein Süchtiger merkt, dass er süchtig ist. Wenn man einen Alkoholiker fragt, ob er süchtig ist, bekäme man wahrscheinlich ein Nein zur Antwort. Natürlich nicht, schließlich könne er jeden Moment aufhören, wenn er es wolle. Kann er natürlich nicht. Genauso ist es mit einem Raucher. Nie im Leben sei er süchtig nach dem Glimmstängel, schließlich habe er schon mal aufgehört. Er könnte es also. Nur warum raucht er wieder? Es hätte mir jedoch spätestens zu dem Zeitpunkt klar sein müssen, als ich mit Manfred in einer Bankfiliale stand, die ich gerade im Begriff war auszurauben. Ich war süchtig. Spielsüchtig.

Neben der Arbeit besuchte ich die Meisterschule und mithilfe von Katharina, die mich immer mal abfragte oder mir auch Aufgaben erklären konnte, schnitt ich bei der Meisterprüfung recht gut ab.

Katharina bekam von ihren Eltern das Grundstück nebenan überschrieben, nach der Grundbucheintragung wurde die Planung unseres Hauses von einem Architekten übernommen und in Zusammenarbeit mit Katharina und mir ausgeführt. Anschließend wurde der Bauantrag eingereicht, der innerhalb von zwei Monaten genehmigt wurde.

Dann stand unsere große Feier an: die Hochzeit. Es war ein schönes Fest. Als Katharina in ihrem Brautkleid vor mir stand, musste ich mit den Tränen kämpfen. Ich ging zu ihr, umarmte sie und sagte leise: »Mein Schatz, wenn ich dich nicht so lieben würde, würde ich mich wieder neu in dich verlieben.« Katharina war eine bildhübsche Braut. Ich war so stolz, diese tolle Frau heiraten zu dürfen.

Es dauerte nicht lange, und Katharina erwartete das erste Kind. Wir waren selbst total überrascht, weil es so schnell gegangen war. Damit hatten wir nicht gerechnet, freuten uns aber. Auch meine Schwiegereltern und meine Eltern waren ganz aus dem Häuschen. »Jetzt bekomme ich endlich einen Enkel«, meinte Bernhard stolz und nahm seine Tochter in den Arm. »Dann kann ich mich ja jetzt zur Ruhe setzen.«

»Du weißt doch gar nicht, ob es ein Mädchen oder ein Junge wird«, meinte Katharina tadelnd zu ihrem Vater. »Und wer weiß, was sie oder er später einmal machen möchte.«
Doch es war ein Junge. Wir nannten ihn Robin.

Es war Winter, alles ging wie in jedem Jahr etwas langsamer bis Mitte Februar. Wir saßen mit Robin beim Frühstück, auf einmal musste sich Katharina übergeben. Sie schaffte es gerade noch bis ins Bad. Dies wiederholte sich in den nächsten Tagen immer wieder. Wir hatten sofort den Verdacht, dass Katharina wieder schwanger war. Nach einem Termin beim Frauenarzt bewahrheitete sich unsere Vermutung. Sie war in der 7. Woche. Dass es so schnell nach Robins Geburt passierte, damit hatte Katharina nicht gerechnet. Sie dachte, dass sie während des Stillens nicht schwanger werden könnte. Allerdings, klärte sie ihre Frauenärztin auf, könne das in seltenen Fällen natürlich schon passieren.

Wir freuten uns natürlich auf das zweite Baby. So würde Robin einen Spielgefährten in seinem Alter haben. Auch die Großeltern waren ganz aus dem Häuschen und konnten es gar nicht fassen.

In der Firma lief alles prima. Mein Schwiegervater Bernhard übertrug mir verantwortungsvolle Aufgaben, schließlich sollten wir so langsam aber sicher darauf hingeführt werden, die Firma komplett zu übernehmen. Bernhard wollte sich im nächsten Jahr zur Ruhe setzen.

Eines Morgens ging es Katharina so schlecht, dass sie mit dem Notarztwagen in die Klinik gebracht werden musste. Sie war im siebten Monat schwanger. Nach eingehender Untersuchung wurde ihr geraten, das Kind als Frühgeburt holen zu lassen, sonst bestünde die Gefahr einer Komplikation. Vorerst musste sie stationär aufgenommen werden und unter Beobachtung bleiben. Ihre Eltern und ich waren geschockt, als wir das hörten. Eine Frühgeburt lehnte Katharina strikt ab. »Ich will mein Kind genauso zur Welt bringen wie Robin, auch wenn ich die ganze Zeit im Krankenhaus bleiben muss«, war ihre Entscheidung.

Mit ihrer Meinung mussten wir uns abfinden. Nach drei Wochen hatte sich Katharinas Zustand stabilisiert und sie durfte mit Auflagen der Ärzte nach Hause. Sie sollte sich absolut schonen und keinesfalls irgendetwas arbeiten. Dabei sollte sie viel Ruhe haben und Aufregung unbedingt vermeiden.

Es waren noch sehr anstrengende fünf Wochen für uns alle. Doch unter der Obhut ihrer Mutter schaffte Katharina die letzten Wochen bis zur Entbindung. Wie die Ärzte vorausgesagt hatten, wurde ein gesunder Junge geboren. Katharina hatte auch schon einen Namen für ihn, ich hatte nichts dagegen, Hauptsache der Junge war gesund. Der neue Erdenbürger sollte Kim-Daniel heißen.

Katharina erholte sich schnell, der Alltag hatte uns wieder eingeholt. Kim-Daniel entwickelte sich normal und Robin war tagsüber bei seiner Mutter im Büro. Entlastet wurde Katharina meist durch ihren Vater, der ganz vernarrt in seine Enkel war und nur zu gerne mit dem Kinderwagen durch den Ort spazierte.

Die Firma wurde Katharina überschrieben. Mit der Zeit vergrößerte sich das Geschäft, es wurden vier neue Arbeitsplätze geschaffen. Katharina und ich waren ein eigearbeitetes Team, geschäftlich wie privat. Selbst wenn es einmal eine Meinungsverschiedenheit gab, spätestens, wenn wir abends alleine waren, war alles wieder in Ordnung.

Die Jahre vergingen wie im Fluge, unsere Kinder entwickelten sich prächtig, Robin kam schon in die erste Klasse, Kim-Daniel sollte im nächsten Jahr eingeschult werden. Robin war in seinem Wesen etwas robuster, während Kim-Daniel sehr an seiner Mutter hing.

Eines Tages, wir saßen gemütlich vor unserem Haus, da klingelte das Telefon. Wir schauten uns an: »Wer wird denn das noch sein?«, fragte mich Katharina.
Ich nahm das Telefon ab. »Hallo?«
Ich erschrak. Bleich und aufgelöst legte ich den Hörer nach einer Weile wieder auf.
»Wer war das denn, Schatz?«
»Mein ehemaliger *Freund* Manfred ist nach zehn Jahren auf Bewährung entlassen worden und er will mich unbedingt sprechen«, sagte ich noch immer geschockt. »Er möchte seine 5.000 Euro wiederhaben, die er mir damals geborgt hat, plus Zinsen. Wir wussten ja, dass der Tag irgendwann kommen würde.«

Unsere gute Laune war dahin. All die schlimmen Erlebnisse, der Banküberfall und die einsame und trostlose Zeit im Gefängnis kamen wieder hoch. An Schlafen war nicht mehr zu denken. Ich lag die ganze Nacht wach und dachte über meine nicht gerade rühmliche Vergangenheit nach. Der Spuk musste bald ein Ende haben. Ich wollte mit der Vergangenheit abschließen.

Am nächsten Morgen machte Katharina den Vorschlag, dass ich mich mit Manfred treffen sollte: »Wenn er wieder anruft, dann verabrede dich mit ihm. Du musst die Sache bereinigen. Ich will mit diesem Menschen nichts mehr zu tun haben. Gib ihm das Geld plus die Zinsen, mach ihm aber auch unmissverständlich klar, dass du keinen Kontakt mehr zu ihm haben willst. Schließlich trägt er die Hauptschuld daran, dass du ins Gefängnis musstest. *Er* hat dich zu diesem dämlichen Banküberfall überredet.«

»Ja, du hast ja recht, aber ich hätte ja auch nein sagen können. Trotzdem, ich muss das mit Manfred abschließen.«

Katharina ging zum Kleiderschrank und holte eine kleine Holzschatulle hervor.

»Was ist das?«, fragte ich erstaunt.

Als sie das Kästchen öffnete, erschrak ich. Es enthielt jede Menge 500-Euro-Scheine. »Woher kommt das ganze Geld?«, fragte ich sie.

Katharina blickte auf den Boden. »Das«, so begann sie, »habe ich im Casino gewonnen.«

»Du hast was?«, platzte ich heraus. »Du warst im Casino? Aber warum? Wann?«

Weißt du«, antwortete sie mir, »als du im Gefängnis warst, da war ich ziemlich einsam. Da bin ich fast jeden Samstag alleine ins Casino gefahren.«

Ich schüttelte mit dem Kopf. »Aber Katharina, dir hätte es genauso ergehen können wie mir.«

Jetzt schüttelte sie den Kopf. »Nein, ich bin eine geborene Spielerin. Das zumindest hat Kurt immer gesagt.«

»Wer ist denn Kurt?«, fragte ich verwirrt.

Katharina erzählte mir von einem Spieler, den sie im Casino kennengelernt hatte. »Angeblich gewinnt er jeden Abend 1.000 Euro.«

Sie hatte ihn schon öfters beobachtet, meistens spielte Kurt mit 500-Euro-Jetons. »Er erzählte mir, dass er immer zwei Durchgänge machen würde mit je 500 Euro. Wenn er gewann, hörte er auf, wenn er verlöre, spielte er mit 500er-Jetons so lange weiter, bis er zwei Plus hatte. Dazu benötigte er aber entsprechend viel Geld und Zeit. Wie viel Bargeld er dabei hatte, das hätte ich zu gerne gewusst. Als ich ihn einmal danach fragte, bekam ich keine Antwort. Doch wenn er die 1.000 Euro hat, hört er sofort auf und geht nach Hause. Kurt erzählte mir, dass er schon seit zehn Jahren nach diesem Prinzip spielte.«

»Wow«, ich war sprachlos. Nur die wenigsten schafften so eine Spielerlaufbahn, dafür war bei vielen Spielern die Gier zu groß.

»Er gab mir auch noch den guten Rat, niemals Geld zu verborgen, denn man bekäme es niemals wieder. Es bewahrheitet sich immer wieder, wer einmal im Casino war, kommt immer wieder. Entweder er spielt erfolgreich oder er verschuldet sich so, dass er über Jahre auf keinen grünen Zweig kommt. Es ist ein schmaler Pfad am Abgrund, wer nicht aufpasst, stürzt schnell ab.« Katharina ergänzte noch: »Es ist eine Scheinwelt, die allermeisten Spielgäste können es sich überhaupt nicht leisten zu spielen.«

»Da hast du recht«, meinte ich resigniert. »Ich konnte es mir eigentlich auch nicht erlauben zu spielen, tat es aber trotzdem. Na ja, das Ergebnis kennst du ja.«

Katharina griff in die Holzschatulle und holte 5.500 Euro heraus. Insgesamt befanden sich 30.000 Euro darin. Ich war wirklich mehr als sprachlos. »Du scheinst wirklich eine sehr gute Spielerin zu sein und vor allem sehr konsequent.«

»Hier«, sie reichte mir das Geld herüber und sagte: »Gib das Manfred. Damit wärt ihr quitt.«

»Aber nein, das ist doch dein Geld«, wollte ich sie davon abhalten, doch sie ließ sich von mir nicht beirren.

Manfred rief am Vormittag noch einmal bei uns an. Ich verabredete mich für den Abend mit ihm. Je schneller wir uns trafen, desto schneller konnte ich das Problem aus der Welt schaffen.

Wir trafen uns in einer Kneipe. Als ich am Abend mit dem Geld vor der Kaschemme stand, wurde mir heiß und kalt. Ich öffnete die Tür und trat ein. Er lehnte an der Theke und erwartete mich schon. Langsam kam er auf mich zu und umarmte mich, als wären wir noch die besten Freunde. Ich war wie vor den Kopf gestoßen von solch einem Empfang. Manfred packte mich am Arm und zog mich zur Theke. Dann bestellte er mir ein Bier. Er fragte nicht, ob ich überhaupt eins wollte. Nachdem wir die Flasche ausgetrunken hatten, nahm ich ihn beiseite und wollte wissen, ob wir denn nicht erst einmal das Geschäftliche erledigen wollten. Er war damit einverstanden. Wir setzten uns in eine ruhige Ecke der Gaststätte, wo wir ein wenig für uns waren. Ich überreichte ihm das Geld, zählte es genau ab, alles in 500-Euro-Scheinen.

Manfred schaute genau zu und meinte dann: »Jetzt fehlen noch die Zinsen für zehn Jahre.«

Ich griff in meine Tasche und holte noch einen 500-Euro-Schein heraus. Den legte ich auf den Tisch, schob ihn Manfred zu und meinte: »Das ist genug.«

Manfred steckte sich das ganze Geld locker in eine Hosentasche. »Jetzt können wir aber auf unser Wiedersehen noch einen trinken«, meinte er.

Er tat so, als wäre nichts zwischen uns vorgefallen, als hätte er nicht mein Leben zerstört. Mir drehte sich fast der Magen um.

»Wir können uns ja wie früher öfter treffen, auch sollten wir das, was gewesen war, vergessen«, sagte er und schaute mich an.

Ich stand auf und sagte: »Ich lege keinen Wert darauf, dich noch einmal wiederzusehen.« Dann verließ ich das Lokal und machte mich auf den Weg nach Hause.

Ich hatte es geschafft, ich hatte meine Vergangenheit hinter mir gelassen und meine Schulden bezahlt. Ich wollte mit Manfred nichts mehr zu tun haben und das hatte ich ihn auch wissen lassen. Natürlich waren wir mal gute Freunde gewesen. Er war schließlich mein einziger Freund gewesen. Aber er hat mir mein Leben vermasselt, hat, egoistisch, wie er war, mich zu dem Banküberfall angestiftet. Ja, ich war auch dumm gewesen, da einfach mitzumachen, aber durch diese ganze Spielerei im Casino brauchte ich das Geld. Wenn er wirklich ein guter Freund gewesen wäre, hätte er mich vom Roulettespielen abgehalten.

Aber ich wollte jetzt nicht mehr länger an meine Vergangenheit denken. Ich wollte nur noch in die Zukunft schauen. Eine Zukunft mit meiner wundervollen Frau Katharina und unseren beiden tollen Söhnen.

Als ich zu Hause ankam, war Katharina noch wach. Ich grinste sie an und meinte: »Ich habe alles erledigt.«

Auch sie lächelte mich verführerisch an, tippte auf das Holzkästchen und sagte: »Lass uns doch mal wieder zusammen ins Casino gehen.«

Ende